税の証言 古都

京都の寺院拝観をめぐる問題

京都仏教会 編

丸善プラネット

口絵１　昭和61年（1986）２月28日、京都仏教会幹部とともに記者会見に臨む西山正彦氏（以下敬称略、前列左から大島亮準、清瀧智弘、東伏見慈洽、有馬頼底、西山正彦、後列左から大西真興、羽生田寂裕、荒木元悦、五十部景秀、安井攸爾、１名を挟んで佐分宗順、小松玄澄）

口絵２　平成11年（1999）５月20日、和解の握手をする有馬頼底京都仏教会理事長（左）、桝本頼兼京都市長（右）。中央は仲介者の稲盛和夫京都商工会議所会頭（肩書きは当時）

関係地図

蓮華寺
北山通
北大路通
相国寺
慈照寺（銀閣寺）
今出川通
京都御所
京都御苑
丸太町通
二条城
二条
市役所
永観堂
青蓮院
山陰本線
四条通
367
鴨川
東大路通
清水寺
堀川通
烏丸通
1
京都駅

清滝川
162
鹿苑寺（金閣寺
卍
二尊院
卍
嵯峨嵐山
トロッコ嵐山
太秦
花園
円町
卍
広隆寺
御池通
西大路通
162
桂川
五条通
西芳寺
卍

古都税問題人物相関図（昭和60年4月1日の京都仏教会発足当時、敬称略）

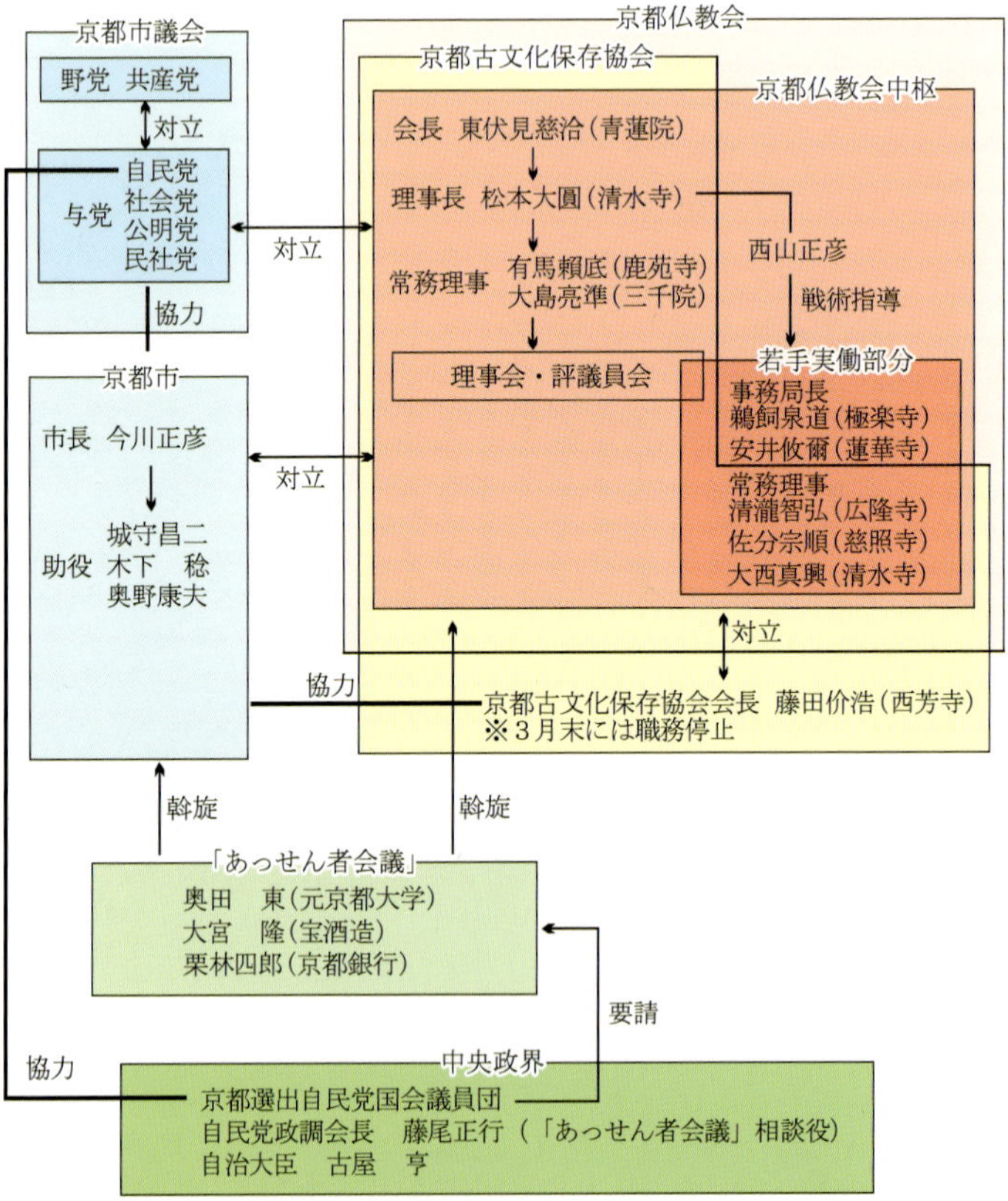

※東伏見慈洽師は、昭和58年（1983）5月28日に立部瑞祐師と交替で京都市仏教会会長に就任し、同60年4月1日に京都仏教会会長となった。

序言

北法相宗《きたほっそうしゅう》、音羽山清水寺《おとわざんきよみずでら》。西国三三ヵ所観音霊場第一六番札所であり、京都市内全体を眺望《ちょうぼう》できる「清水の舞台」で世界的に有名な、観光都市京都を代表する寺院である。昨今の京都ブームの影響もあって、年間五〇〇〇万人以上の観光客を迎える京都府内において、もっとも注目される観光名所の一つとなっている。今から約三〇年前に、この清水寺の入り口が高さ二メートルの鉄柵によって遮断《しゃだん》され、拝観が停止されるという事態が発生した。京都にとって衝撃《しょうげき》的とも言える拝観停止の原因が、本書の主題である古都保存協力税（以下「古都税」と略）問題である。

バブル景気直前の昭和の終わりに、税収の伸び悩みから大幅な歳入不足が生じていた京都市は、清水寺をはじめとする市内の有名寺院を訪れる拝観者に課税する古都税導入を試《こころ》みた。それに対して、古都税対象寺院は京都仏教会に結集し、拝観者に対する課税は信教の自由を定めた日本国憲法第二〇条に違反するという理由で反対運動を展開したのである。京都市と京都仏教会との対立は、妥協《だきょう》点を見出すことができないまま長期化し、ついに京都仏教会は拝観停止を決意するに至った。観光都市京都の存立は、危機的状況に陥《おちい》ったのである。

本書は、古都税問題が発生してから約三〇年が経過した現段階において、その事実経過を客観的に振り返るとともに、関係者の証言を集めて問題の総括を試みたものである。証言は、公平性を担保するために、京都仏教会理事、元京都市幹部、元新聞記者、門前業者など、幅広い範囲の関係者にお願いした。

もとより京都仏教会は、寺院拝観を文化財鑑賞行為と位置づけ、拝観者に課税しようとしたかつての京都市の姿勢を容認することはできない。「拝観は宗教行為である」という憲法で認められている原則の尊厳を守り通すことが本書刊行の最大の目的である。それと同時に、古都税問題を多様な視点で回顧《かいこ》することによって、僧侶を始めとする宗教者、行政、そして市民が拝観をめぐる様々な問題といかに向き合うべきか、その指針を提示することも本書は意図している。観光都市京都の持続的な発展に、本書が多少なりとも寄与することができれば望外の喜びである。

最後に、本書刊行に当たってご協力を賜った証言者、執筆者各位に深甚の謝意を表したい。

平成二十八年（二〇一六）十月

京都仏教会

古都税の証言　目次

第三部　論　考

第一部　古都税問題・景観問題の経緯

藤田和敏（大本山相国寺寺史編纂室研究員）

第1章　古都税問題

（1）文化観光施設税・文化保護特別税の導入（昭和31年4月〜同39年7月）

古都税の前提である二つの税

古都税は、有名観光寺院の拝観料に税額を上乗せすることで京都市が参拝者に課税するという内容の地方税である。その導入の是非《ぜひ》をめぐって、昭和五十七年（一九八二）から同六十二年まで京都市と京都仏教会との間で激しい対立が引き起こされた。

京都市において寺院を訪れる拝観者に課税した例は古都税以前にも存在した。それは、文化観光施設税（以下「文観税」と略）と文化保護特別税（以下「文保税」と略）という二つの税である。文観税・文保税ともに、実施に際して寺院側が強力な反対運動を展開している。

文観税反対運動

文観税をめぐる反対運動は、昭和三十一年（一九五六）四月二十三日に当時の高山義三《たかやまぎぞう》京都市長が市民会館建設の財源として税導入の方針を表明したことから開始された。この反対運動の担《にな》い手《て》は、現在は「非公開文化財特別公開」の実施主体となっている京都古文化保存協会（以下「古文協」と略）である。古文協は、昭和二十三年（一九四八）に京都国宝保存協会と京都名園保存協会が合併《がっぺい》して発足した団体で、社寺など二〇〇近い団体が加盟していた。

五月十九日に古文協は、「社寺の拝観は宗教情操《じょうそう》に基《もと》くもので、古来宗教行事の一《ひとつ》とされ、宗教法人法にも之《これ》を認め、課税の対象となる性質のものではない」とする申し合わせを公表し、文観税絶対反対の意思を示した。さらに六月二十三日に、「従来の社寺拝観は単なる観光と目《もく》された為《ため》に観光税の対象となったことはまことに遺憾《いかん》である。我らは今後宗教本来の面目《めんぼく》を発揮し、参拝者を中心としての社寺の在り方に復元する」との声明を出し、市内で拝観料を徴収する三五ヵ寺が拝観料全廃の決議を行っている。

京都市は、古文協の理解を得られないまま、七月二十日に文観税の条例案を公表する。骨子《こつし》は以下の二点である。

①「慈照寺《じしようじ》の銀閣《ぎんかく》、東求堂《とうぐどう》、庭園」、「清水《きよみず》の舞台」、「鹿苑寺《ろくおんじ》の金閣《きんかく》、夕佳亭《せつかてい》、庭園」など、市が指定した文化観光財を有料で観覧する者に一回一〇円（子供は五円）を課税する。

②特別徴収義務者（社寺）が市に代わって①の税金を徴収し、市に納入する。

条例案では、拝観料による社寺の収入に直接課税するのではなく、拝観料に税額一〇円を上乗せする形が取られることになった。

税を推進する京都市に対抗するために、古文協は以下の三つの措置を実施した。すなわち、無料公開（清水寺他二ヵ寺）、無料制限公開（境内の一部を公開する。三十三間堂《さんじゆうさんげんどう》他六ヵ寺）、信者以外の拝観謝絶（東福寺《とうふくじ》他一二ヵ社寺）である。

このような古文協の反対にも拘わらず、八月十七日に文観税条例案は市議会（京都の市議会は「市会」が正式名称であるが、本書では「市議会」とする）で可決されるが、期間は七年半に限定された。古文協は条例成立後も文観税に対する抵抗を続けるが、中央政界の有力者である河野一郎《こうのいちろう》農林水産大臣が京都市と古文協との間の調停に乗り出したこともあり、十月十三日より徴税が開始されることになった。

文保税反対運動と「覚書」

昭和三十九年（一九六四）三月、文観税の期限切れに伴い、京都市は文観税と同内容である文保税の導入を図《はか》った。その際に行われた話し合いで、寺院側は文保税で納入する税額に代わる金額を寄附金として納めたいと提案するが、京都市は拒絶している。

市議会は、社寺側の反対を押し切る形で三月二十七日に文保税条例案を可決する。条例成立を受けて徴税に反対する一一ヵ寺は次のような声明を発表した。すなわち、「吾等《われら》十一ヶ寺は憲法に保障せられた信教の自由を確保するため、今回京都市会において可決された文化保護特別税に対し、絶対反対を表明すると共に、同税の特別徴収義務者たることを拒否いたします」である。

そして、七月二十六日に京都市と徴税反対の一一ヵ寺が「覚書」を交わすことで徴税が実施されることになった。「覚書」には「京都市文化保護特別税条例の実施に当っては、社寺は市の同条例の適正円滑な施行について協力し、市は社寺の宗教法人としての特殊性を尊重することによって、所期の実を挙げるべく、市と社寺との間に左記の事項をとり決める」とあり、六ヵ条の同意事項が列挙されている。最も重要な項目は次の第六条である。

「文化保護特別税の期限は、本条例適用の日から五年限りとし、期限後においてこの種の税はいかなる名目においても新設または延長しない」

京都市長と一一ヵ寺住職が署名捺印《しょめいなついん》した「覚書」で、再び同種の税を導入しないことを明記したうえで、文保税の徴収は五年間続いたのである。

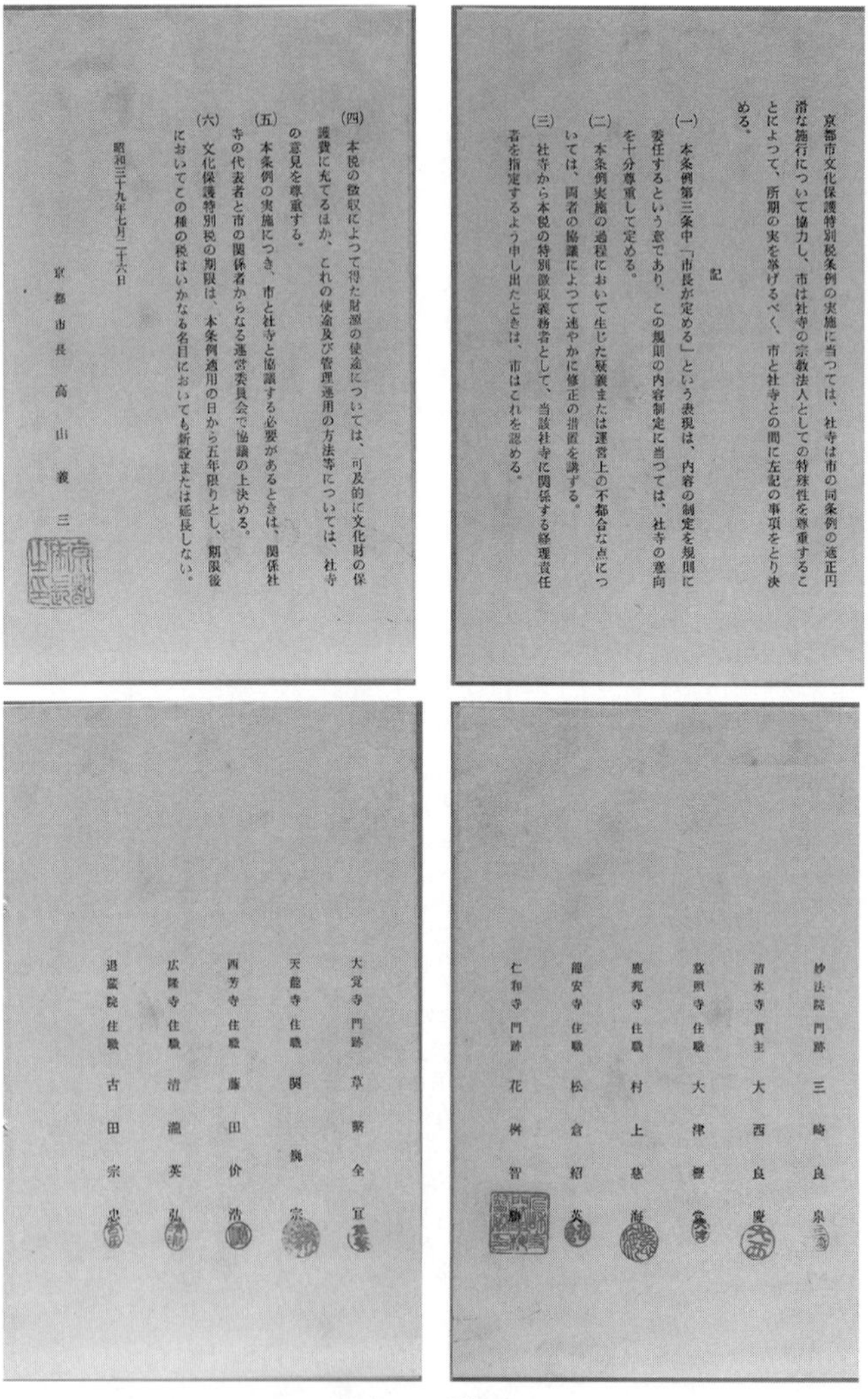
京都市文化保護特別税条例の実施に当つては、社寺は市の同条例の適正円滑な施行について協力し、市は社寺の宗教法人としての特殊性を尊重することによつて、所期の実を挙げるべく、市と社寺との間に左記の事項をとり決める。

記

(一) 本条例第三条中「市長が定める」という表現は、内容の制定を規則に委任するという意であり、この規則の内容制定に当つては、社寺の意向を十分尊重して定める。

(二) 本条例実施の過程において生じた疑義または運営上の不都合な点については、両者の協議によつて速やかに修正の措置を講ずる。

(三) 社寺から本税の特別徴収義務者として、当該社寺に関係する経理責任者を指定するよう申し出たときは、市はこれを認める。

(四) 本税の徴収によつて得た財源の使途については、可及的に文化財の保護費に充てるほか、これの使途及び管理運用の方法等については、社寺の意見を尊重する。

(五) 本条例の実施につき、市と社寺と協議する必要があるときは、関係社寺の代表者と市の関係者からなる運営委員会で協議の上決める。

(六) 文化保護特別税の期限は、本条例適用の日から五年限りとし、期限後においてこの種の税はいかなる名目においても新設または延長しない。

昭和三十九年七月二十六日

京都市長　高山義三

妙法院門跡　三崎良泉

清水寺貫主　大西良慶

慈照寺住職　大津櫪堂

鹿苑寺住職　村上慈海

龍安寺住職　松倉紹英

仁和寺門跡　花桝智勝

大覚寺門跡　草繋全宜

天龍寺住職　関　撫宗

西芳寺住職　藤田价浩

広隆寺住職　清瀧英弘

退蔵院住職　古田宗忠

写真１　「覚書」

文観税・文保税・古都税関係略年表

昭和31年（1956）8月17日	文観税条例案、市議会で可決。
同　10月13日	文観税条例実施（期間7.5年）。
同　39年（1964）3月27日	文保税条例案、市議会で可決。
同　7月26日	文保税条例、「覚書」を取り交わし実施（期間5年）。
同　58年（1983）1月18日	古都税条例案、市議会で審議抜き可決。
同　60年（1985）7月10日	古都税条例施行。
同　63年（1988）3月31日	古都税条例廃止。

（2）古都税問題の始まり（昭和57年7月〜同12月）

税賛成の古文協と京都市仏教会

文保税の徴税終了から一三年が経過した昭和五十七年（一九八二）七月十五日、市議会財務消防委員会において答弁に立った原勝治《はらかつはる》理財局長は、文観税の復活を示唆《しさ》する発言を行った。第一次オイルショック以降の税収の伸び悩みにより、昭和五十六年度の決算で京都市は二六億円の赤字を出しており、財政再建は急務であった。赤字財政を補填《ほてん》するために、再び社寺拝観者に課税する新税の導入を目指したのである。

先に述べた文観税・文保税の際に反対運動を展開した古文協は、理事長であった西芳寺《さいほうじ》住職藤田价浩《ふじたかいこう》師の独断により賛成の立場を取った。藤田師は、七月に開かれた古文協理事会において新税の必要性を訴えて出席者を説得するが、大島亮準《おおしまりょうじゅん》三千《さんぜん》院《いん》執事長が昭和三十九年の「覚書」の存在を指摘して反対の意思を示した。しかし、古文協と京都市は連携して新税推進の立場を崩さなかったために、事の成り行きを危惧《きぐ》した大島師は、

写真２　京都ロイヤルホテルでの説明会

京都市仏教会（以下、「市仏教会」と略）に対して反対運動に取り組むように要請したのである。

市仏教会は、戦前に組織された宗教統制のための国策団体を前身とするものであり、戦後は彼岸《ひがん》法要や花まつりを主催する任意団体として存続した。昭和五十七年には約一五〇〇ヵ寺を会員としていたが、年間予算は約六〇〇万円であり、会員間の連絡や親睦《しんぼく》を目的として運営されていた。

大島師の要請を受けた市仏教会は、八月二日に聖護院《しょうごいん》で文化観光税対策協議会を開いて対応を協議した。出席者からは「市も寺が呼ぶ拝観客によって恩恵をうけているのに、市の赤字のツケを寺へ回すのは筋違い」などの意見が出て、文観税反対の立場で一致した。市仏教会は対策委員会を発足させ、京都市への対応を一本化したのである。

京都市による説明会

八月十九日に、中京区の京都ロイヤルホテルにおいて新税の対象となる寺院を集めての説明会が行われた。城守昌二《きもりしょうじ》助役らは、「大局的見地から協力をお願いしたい」と述べ、新税の骨子を説明したが、「覚書」の効力などを主張する寺院側は反発した。さらに、「最大公約数的に賛成が得られれば、やらんといかんと考えている」と京都市側が強気の発言を行ったこと、同時刻に今《いま》川正彦《がわまさひこ》市長が新税の実施を記者会見で表明したこともあり、「もう問答無用でやるということか」と寺院側は激高し、会議は決裂することになった。

八月二十五日までに、新税の対象寺院三七ヵ寺中三一ヵ寺が京都市への折衝《せっしょう》を市仏教会に委任した。京都市の強引な姿勢に対して寺院側は結束を固めたのである。九月七日に中京区のホテルフジタ、十月六日に同区の京都ロイヤルホテルで京都市と市仏教会との公式会談が開催されたが、二回の会談ともに議論はかみ合わず、物別れに終わっている。十月十三日に、本能寺《ほんのうじ》文化会館において市仏教会は総結集大会を行い、京都市との話し合いを凍結することなどを決定した。

また、古文協においては、理事・評議員になっている寺院の過半数が九月二十二日に藤田理事長へ申し入れを行い、独断で新税に賛成したことについて理事長の責任を追及する方針を表明した。

京都市の説得工作

京都市は、市仏教会の説得に失敗したために、行政区の区長を動員して新税対象寺院に対しての個別交渉を開始した。また、市広報紙である「市民しんぶん」においても大々的な新税キャンペーンを展開している。

それに対抗して市仏教会も、拝観者に対する署名運動やビラ・ポスターで新税反対を訴えた。市バスと地下鉄に新税反対の意見広告を掲示することを市仏教会が市交通局に申し込むが、「市バスを論争の場とすることは不適当」との見解を出して市交通局が拒否するという一件も起きている。

　京都市は強硬な新税の推進姿勢を取る一方で、それとは矛盾する動きも見せている。十月十八日に、京都市側の申し入れにより、市仏教会会長の立部《たてべ》瑞祐《ずいゆう》仁和寺《にんなじ》門跡《もんぜき》と今川市長とのトップ会談が秘密裏に行われた。この会談は、協力を求める今川市長に対して立部会長が「覚書」の遵守を求めたために平行線に終わったが、十二月一日になって、再び木下《きのした》稔《みのる》助役らが市仏教会に「覚書の精神を尊重し、これまでのいきさつを棚上げしたい」と会合を申し入れたのである。しかし、「棚上げ」についての解釈が京都市と市仏教会との間で食い違ったために議論はまとまらなかった。

　十二月に入り、自民党・社会党・民社党の市議団が市仏教会との交渉に乗り出すが、話し合いはかみ合わず、市仏教会の反発を買う結果となった。

（3）　古都税条例、審議抜き可決（昭和58年1月～同59年3月）

古都税条例の即決

　昭和五十八年（一九八三）一月七日、京都市は一月臨時市議会に提案する新税の内容を発表した。その骨子は次の四点である。
①名称を「古都保存協力税」とする。
②社寺等の文化財の有料拝観に対して一人一回五〇円を課税する。

③期間は一〇年間で、年間約一〇億円の収入を見込む。
④平安建都一二〇〇年記念事業を見据えて岡崎文化ゾーン整備費用などを使途とする。

市仏教会は、「宗教都市・京都を冒とくする市長の暴挙に対し、われわれ仏教徒は大きな憤《いきどお》りを感じる。今後、より一層強固な同税設置阻止運動を展開するとともに、徴税義務の指定を断固拒否し、同問題を法廷闘争に持ちこむことを表明する」との声明を発表し、市長を相手取った条例提案禁止を求める訴状と仮処分申請を京都地裁に提出した。

写真３　市議会を傍聴する市仏教会の僧侶

市議会は、市仏教会の動きを行政権の圧迫と解釈し、条例案の委員会付託を省略して本会議で一気に可決する構えを見せた。そして一月十八日、共産党が「力の論理に立った強行提案は認められない。全国にあしき先例となる重大な問題であり、条例案の即決は審議権を放棄するものだ」と反対する中で、自民・公明・民社・社会四会派の賛成により条例は成立したのである。

市仏教会はただちに「古都税の審議ぬき可決は暴挙である」との声明を出すとともに、条例の無効確認を求める訴状を二月十四日に京都地裁へ提出した。

京都市と市仏教会との攻防

条例成立後、右京区長の公金詐取《さしゅ》事件（鳥居事件）もあって動きを控えていた京都市は、五月に入ると古都税実施に向けた活動を開始する。まず五月十一日に、市仏教会の理解を求めずに見切り発車で秋にも古都税を開始する意向を今川市長が表明した。そして各種団体に呼びかけ、「古都保存協力税を実現させる市民協議会」（以下「市民協議会」と略）を組織したのである。七月二十五日には、「社会の浄化に努めるという宗教家の使命を忘れ、新税実施に理由なき反対をしていることは理解しがたい」とする抗議声明を発表するなど、市民協議会は市仏教会への批判を強めていく。市仏教会は、七月二十七日に山本幸雄《やまもとさちお》自治相に対して古都税不許可を陳情《ちんじょう》するなど、京都市に対抗する行動を取った。

以上のような表立った動きと同時に、京都市と市仏教会は古都税対象寺院に対する水面下の説得工作を激化させている。十二月十六日に大徳寺《だいとくじ》塔頭《たっちゅう》の四ヵ寺が古都税条例無効確認訴訟を取り下げるなど、対象を絞った京都市の説得に応じる寺院が次第に現れるようになった。

古都税訴訟、門前払い

古都税条例無効確認訴訟は、昭和五十九年（一九八四）三月三十日に、①条例は自治大臣の許可前であり、その無効確認を求めることはできない、②「覚書」は法的拘束力を持たない、などの判決を古崎慶長《こさきよしなが》裁判長が示し、市仏教会の訴えを門前払いの形で退けた。

また、参拝者に課税することは信教の自由を定めた憲法二〇条に違反するという市仏教会の主

写真４　控訴を表明する市仏教会の幹部と弁護団

張については、判決では次のように述べられている。

「本件条例は、文化財の鑑賞という行為の宗教的側面自体を否定するわけではなく、対価を支払ってする有償の文化財の鑑賞という行為の客観的、外形的側面に担税《たんぜい》力《りょく》を見出し、本税を課すこととしたまでである」

一読しただけでは意味が取りづらい文章であるが、要するに、門前で一定の料金を徴収する行為に対して小額の税を課すことが古都税条例の目的なのであり、仏教を信仰するためなのか、単に文化財を観賞するためなのかという拝観者の内心を判断することは条例の趣旨ではないと論じているのである。

この判決を受けて、市仏教会は大阪高裁に控訴の手続きを取った（昭和六十年十一

写真５　拝観停止を発表する市仏教会の記者会見

月二十九日、大阪高裁は控訴を棄却した)。

(４)　拝観停止へ(昭和60年1月～同4月)

自治相による古都税許可凍結

昭和六十年(一九八五)一月四日、今川市長は四月中に古都税を実施したいと表明するとともに、古都保存協力税実施推進本部を立ち上げ、徴税開始に向けて総力を挙げる体制を構築した。それに対して市仏教会は、十日に文観税(古都税)対象寺院会議を開催し、自治省が条例を許可すれば古都税対象二四ヵ寺が拝観停止に踏み切ることを決定した。京都市と市仏教会は、力による全面的な対決の道へと進んだのである。

強い危機感を抱いた市仏教会の幹部は、条例許可を阻止する目的で一月二十五日に上京して、古屋《ふるや》亨《とおる》自治相と藤尾《ふじお》正行《まさゆき》自民党政調会長に陳情を行った。古屋氏は「もう少し話がつくまで私はハンを押しません」、藤尾氏は「当分の間は許可を下ろさない方針」と述べたことから、自治省による許可は凍結状態に置かれることになった。

「古都税問題あっせん者会議」

市仏教会の陳情成功という状勢の急変に伴《ともな》い、京都市は事態打開のために城守助役らを自治省に派遣した。しかし、古屋氏は「話し合いによる円満実施」を求めたために、今川市長と市議団代表らが一月三十一日に上京して地元選出国会議員と会談し、条例許可が早急に実現するよう要請した。それを受けて国会議員団は、話し合いの場を作るために「第三者のあっせん」を提案し、二月十四日に奥田《おくだ》東《あずま》元京都大学総長、大宮隆《おおみやたかし》京都商工会議所副会頭、栗林四郎《くりばやししろう》京都市観光協会長を「あっせん者」とする「古都税問題あっせん者会議」（以下「あっせん者会議」と略）が設置されることになったのである。

写真6　「あっせん者会義」の大宮氏、奥田氏、栗林氏（左から）

　市仏教会は、広報を担当する鵜飼泉道《うかいせんどう》事務局長が「過去、積極的に古都税実施に動いた人もメンバーに入っている」、「市仏教会としてあっせん者会議を認めていない」と記者会見で述べ、斡旋《あっせん》を否定する立場を明確にした。二月十九日に、市仏教会は直接の話し合いを京都市に申し入れたが、「あっせん者会議のテーブルにつくべき」と京都市は拒否している。

市仏教会の反応を受けて、「あっせん者会議」は自らが介在する形で話し合いを行う方針を転換し、京都市と市仏教会との直接会談を提案した。三月一日に両者の事務レベルによる会談が開催され、「早急に円満解決の道を探る」という基本線で一致を見た。しかし、六日の市議会本会議で「早期に（市仏教会）のトップと会い、六十年度当初から税を実施したい」と今川市長が述べたために、八日に行われた事務レベル会談冒頭で「話し合いをないがしろにした行為で、信義に反する」との声明を市仏教会側が読み上げて退席し、話し合いは決裂することになったのである。

西山正彦氏の登場と京都仏教会の発足

昭和六十年に入ってから、不動産会社「三協西山《さんきょうにしやま》」社長である西山正彦《にしやままさひこ》氏が顧問として市仏教会の活動に加わった。西山氏を中心に、若手僧侶として市仏教会の実働部分を担っていた安井《やすい》攸爾《ゆうじ》蓮華寺《れんげじ》副住職・佐分宗順《さぶりそうじゅん》慈照寺（銀閣寺）執事・大西真興《おおにししんこう》清水寺執事長と鵜飼事務局長・田《た》中博武《なかひろむ》清水寺門前会会長が頻繁《ひんぱん》に会議を持つようになり、運動の理念や具体的な戦術などを話し合うようになった。また、和解による事態の収拾を目指していた西山氏は、水際《みずぎわ》立った折衝《せっしょう》能力を駆使《くし》して、水面下の交渉で様々な説得を今川市長に対して行うことになる。

拝観停止が避けられない状況となり、体制を強化するために財団法人化を目指していた市仏教会は、四月一日から京都府仏教会と組織統合して京都仏教会（以下「仏教会」と略）を発足させた（口絵「古都税問題人物相関図」参照）。役員人事は以下の通りである。

【会長】東伏見慈洽《ひがしふしみじごう》 青蓮院《しょうれんいん》門主

【理事長】松本大圓《まつもとだいえん》清水寺貫主《かんす》

【常務理事】有馬頼底《ありまらいてい》鹿苑寺（金閣寺）責任役員・大島亮準三千院執事長・清瀧智弘《きよたきちこう》広隆寺《こうりゅうじ》貫主

【理事】荒木元悦《あらきげんえつ》慈照寺執事長・大西真興清水寺執事長・片山宥雄《かたやまゆうおう》真言宗大覚寺派《しんごんしゅうだいかくじは》宗務総長・多紀頴信《たきえいしん》妙法院《みょうほういん》執事長・田原周仁《たはらしゅうじん》臨済宗天龍寺派《りんざいしゅうてんりゅうじは》宗務総長・長尾憲彰《ながおけんしょう》常寂光寺《じょうじゃっこうじ》住職・京都市内の支部長会代表一名・府内の単位仏教会代表一名

【事務局長】鵜飼泉道極楽寺《ごくらくじ》住職

（5）第一次拝観停止（昭和60年4月〜同8月）

古都税実施日程をめぐる交渉

「あっせん者会議」は、成果を上げることができなかったために四月三日に斡旋を断念する。斡旋打ち切りを受けた古屋自治相は、税執行に伴う混乱を避けるために、「四月実施」を二ヵ月遅らせて「六月十日以降とすること」という異例の条件を付けて、四月十日に条例を許可した。仏教会は、三月十六日の鵜飼事務局長による記者会見で、次期市長選において税撤回を表明する市長候補を支援するために、選挙告示日の八月十日より拝観停止に踏み切る意向を既に発表していた。反対寺院が拝観停止に入ることは確実であり、単なる威嚇《いかく》ではないことを水面下の交渉で西山氏から説明されていた今川市長は、選挙での不利を悟り、条例の実施を六月中から十月一日に延期することを六月一日に発表した。

しかし、六月七日になって今川市長の態度は一変する。西山氏から「条例施行を遅らせることはいたずらに紛争の解決を長引かせることになる」と説得されたことにより、今川市長は市役所で記者会見を行い、「京都仏教会が依然、強硬路線を取りつづけている」ことを理由に、七月十日に古都税を実施する方針に転換したのである。

今川市長の心変わりによって市役所は混乱におちいったが、京都市は古都税実施への準備を進めた。七月一日に古都税徴収指定通知書と鑑賞券を古都税対象寺院へ送付している。仏教会所属の一八ヵ寺は受け取りを拒否した。

第一次拝観停止開始

七月十日、古都税徴収が開始された。古都税対象社寺のうち古都税に反対する一八ヵ寺は、古都税を空洞化させるために一斉に無料拝観に入った。選挙告示日の八月十日まで無料拝観が続けられ、その後に拝観停止が行われる予定であったが、予定を繰り上げて七月下旬に一二ヵ寺が拝観停止に突入した。

清水寺では仁王門《におうもん》前に木製の柵が設けられ、境内への立ち入りが禁止された。清水寺・慈照寺の門前町では閉店する土産物店も現れた。

8・8和解

八月八日、中京区の京都ホテルにおいて、「あっせん者会議」の奥田氏・大宮氏・栗林氏、今川市長、仏教会東伏見会長・松本理事長が共同で記者会見を行い、全面的に和解することを発表した。京都市・仏教会両者が握手を交わしたが、和解内容については公表されることなく、共同会見は一〇分程度で終了した。

写真7　和解後、握手する松本理事長、東伏見会長、今川市長（左から）、中央は奥田氏

この和解の取りまとめに動いたのが西山氏である。西山氏は今川市長と交渉し、次のような内容の和解案を提示した。

①寺院が主体的に行う拝観は一〇年間停止し、財団法人化した仏教会が拝観業務を代行する。
②財団は約定した金額を寄附金として京都市に支払い、京都市は寄附金を古都税収入として受け取る。
③京都市は財団を特定徴収義務者に指

定しない。

この案は、毎年春秋二回の文化財特別公開において未公開寺院の拝観業務を古文協が請け負っていることをヒントに、西山氏が編《あ》み出したものであった。

西山氏は、今川市長が和解案を受け入れた後に、市長の後援会長でもある「あっせん者会議」の大宮氏に接触して和解内容と寄附金額についての詰めを行った。西山氏と今川市長との直接交渉を知らない大宮氏は、この案をもって今川市長を説得した。そして八月八日の和解へと至ったのである。

和解調印の場で、和解内容の公表は選挙後に行うよう今川市長が強く要請したため、和解の場に立ち会った関係者以外はその内容を知ることができなかった。

（6）「8・8和解書」公表（昭和60年8月〜同11月）

会員寺院の脱会と鵜飼事務局長の辞任

八月九日、和解により拝観停止寺院は開門した。市長選における最大の問題を解決することができた今川市長は、二十五日に二位以下に大差をつけて再選を果たした。

八月八日の記者会見で和解内容が公表されなかったこと、西山氏が和解に関与していたことは仏教会関係者の不信を招き、常寂光寺・南禅寺《なんぜんじ》・金地院《こんちいん》が二十二日、大覚寺が二十八日に仏教会を脱会した。さらに同日に、古都税に対して「一般社会で行われているのと同様の政治的、経済的側面から対処した」との理由で、鵜飼事務局長と仏教会職員全員が辞表を提出したのである。鵜飼事務局長の辞任には、西山氏主導で和解が進み、自らが関与していなかったことも背景として存在していた。

仏教会会員寺院の脱会は、九月までに本能寺と塔頭《たっちゅう》末寺、天龍寺と塔頭末寺、南禅寺塔頭一三ヵ寺などが続いた。

京都市の和解不履行

和解の約定書は市長選終了後に公表される予定であったが、九月以降も公《おおやけ》にされることはなかった。古都税対象寺院は、寄附金納入を前提とする拝観料の値上げを十月一日と十五日に相次いで行った。

京都市は和解を履行《りこう》できない状況にあった。なぜならば、和解内容のうち「財団が約定した金額を寄附金として支払う」ことは、税に代わる寄附金を強制的に割り当てて徴収することを禁止した地方財政法四条五項に違反していたからである。何としてでも選挙前に拝観停止寺院を開門させたかった今川市長は、その事実を知りながら和解を了承したために、和解履行を促《うなが》す義務のある大宮氏は法に抵触しない形での和解修正案を作成せざるを得なくなったのである。

十一月十一日に「あっせん者会議」は京都市と仏教会に和解修正案を提示した。修正案には、仏教会の発行する拝観券と古都税条例で規定された鑑賞券の両方を持参しなければ拝観を認めないとの項目が新たに加えられており、寺院は徴税義務を負わないとする和解の趣旨に反するものであった。

写真８　「８・８和解書」を公表する松本理事長（左端、中央は東伏見会長、右端は大島常務理事）

仏教会が和解修正案への回答を保留する中で、京都市は徴税作業を開始した。十一月十三日には古都税反対寺院に市職員が古都税納税書類を持参したが、ほとんどの寺院は受け取りを拒否した。警告書を発した京都市は、二十五日から書類受け取り拒否寺院の門前で検査のために拝観者数の実態調査を開始している。

「8・8和解書」公表

十一月二十六日、「あっせん者会議」の奥田氏は、「このままでは事態打開は不可能なので、残念だが、あっせんを打ち切りたい。今後は当事者同士で話し合ってもらうしか仕方ない」と記者会見で述べ、斡旋断念と会議解散を表明した。

「あっせん者会議」の対応に反発した仏教会は、同日に清水寺大講堂で記者会見を行い、「8・8和解書」を公表するとともに、「自らの選挙の勝利のために、あっせん者会議及び京都市長は、再び仏教会に虚言《きょげん》を弄《ろう》し、市民を欺《あざむ》き、京都に未曾有《みぞう》の大混乱を引き起こしたことに対し、全責任を追（負）わねばならない」と京都市と「あっせん者会議」の不実を非難し、十二月五日より再度の拝観停止に入る趣旨の声明を発表した。

今川市長は、十一月二十九日の市議会本会議一般質問で「西山氏とは直接交渉したことはありません」、「八月八日の文書は、当時の拝観停止という異常事態の中で、あっせん者が正式なあっせん案をまとめる前の一つの案、という理解で署名した。市民を混乱に巻き込んでいた拝観停止を避けたい一念だった」と述べ、仏教会の主張を否定した。

（7）第二次拝観停止（昭和60年12月〜同61年7月）

松本理事長の変心

十一月二十六日の仏教会による声明に基づき、十二月一日・二日に蓮華寺と広隆寺が二回目の拝観停止に入った。五日から一〇ヵ寺が一斉に拝観停止を実施する予定であり、清水寺では貫主である松本理事長が陣頭指揮を執《と》って高さ二メートルの鉄格子《てつごうし》を仁王門前に設置した。しかし、拝観停止の準備が完了した三日夕方に、松本理事長は突如として閉門したくないという意向を大西執事長に伝えたのである。

事態の急転に驚いた仏教会幹部は、松本理事長を翻意《ほんい》させるために清水寺に集まるが、突然涙

写真９　清水寺門前に設置された鉄柵

を流すなど情緒《じょうちょ》不安定な状態になっていたために説得を断念した。五日に松本理事長は東京都千代田区の東京警察病院に入院している。

拝観停止が始まり、閉店する土産物屋や民宿が相次いだ年の瀬の門前町《もんぜんまち》は、さながらゴーストタウンと化した。年が変わった昭和六十一年（一九八六）一月三日には、鹿苑寺に猟銃を持った男が侵入して金閣一層に立てこもり、今川市長に謝罪を要求する事件が発生している。清水寺は、一山住職に相談しないまま開門を表明したことなどを理由に、二月二十一日に松本理事長の貫主解任を決議した。それに対して松本理事長は、責任役員である大西執事長と森孝慶《もりこうけい》師を逆解任することを翌日発表し、清水寺は内紛状態におちいった。

なお、この間の十二月二十五日には、自由法曹団京都支部の弁護士九名が、当選目的の利害誘導を禁じた公職選挙法に８・８和解が違反するとして、今川市長を京都地検に告発している。

観光業者との徹夜の話し合い

西山氏は、膠着《こうちゃく》状態を打開するために京都市との話し合いを模索《もさく》していた。それを受けた仏教会は、西山氏を今川市長との会談に派遣する意向を二月二十二日に表明した。さらに二十八日には、仏教会の幹部とともに西山氏は記者会見に臨《のぞ》み、古都税の一時停止を条件に仏教会と市との直接的話し合いが始まれば、ただちに無料拝観で開門することを発表したのである（口絵1）。

京都市は、仏教会の代表者が西山氏であることを理由に会談を拒否した。仏教会は京都市との協議を断念し、8・8和解の際に約定した寄附金額の「念書」を公表するように西山氏に求めた。西山氏は、「念書」公表は時期尚早《しょうそう》であるとし、解決の糸口を見いだすために観光業界と話し合うことを提案した。

仏教会と観光業界との話し合いは三月十二日に清水寺大講堂で行われた。仏教会側から有馬常務理事・西山氏らが出席し、観光業界各団体の代表四〇名と翌十三日未明まで議論したが、古都税の一時停止を開門の条件とする仏教会と、早期の開門を訴える観光業界との間で折り合いが付かなかった。再度の会合が二十一日に開かれ、再び夜を徹して議論が繰り広げられたが、仏教会から全権委任された西山氏が志納金方式による三ヵ月間の開門を提案し、観光業界は同意することになったのである。

志納金方式

三月二十一日の会合で、仏教会と共同歩調を取ることに合意した観光業界は、田中清水寺門前会会長・青木定雄《あおきさだお》エムケイ株式会社会長らを中心に「古都税をなくす会」を組織し、志納金袋の作成・店頭での配布を行うことになった。志納金方式とは、その志納金袋に任意の金額を入れて

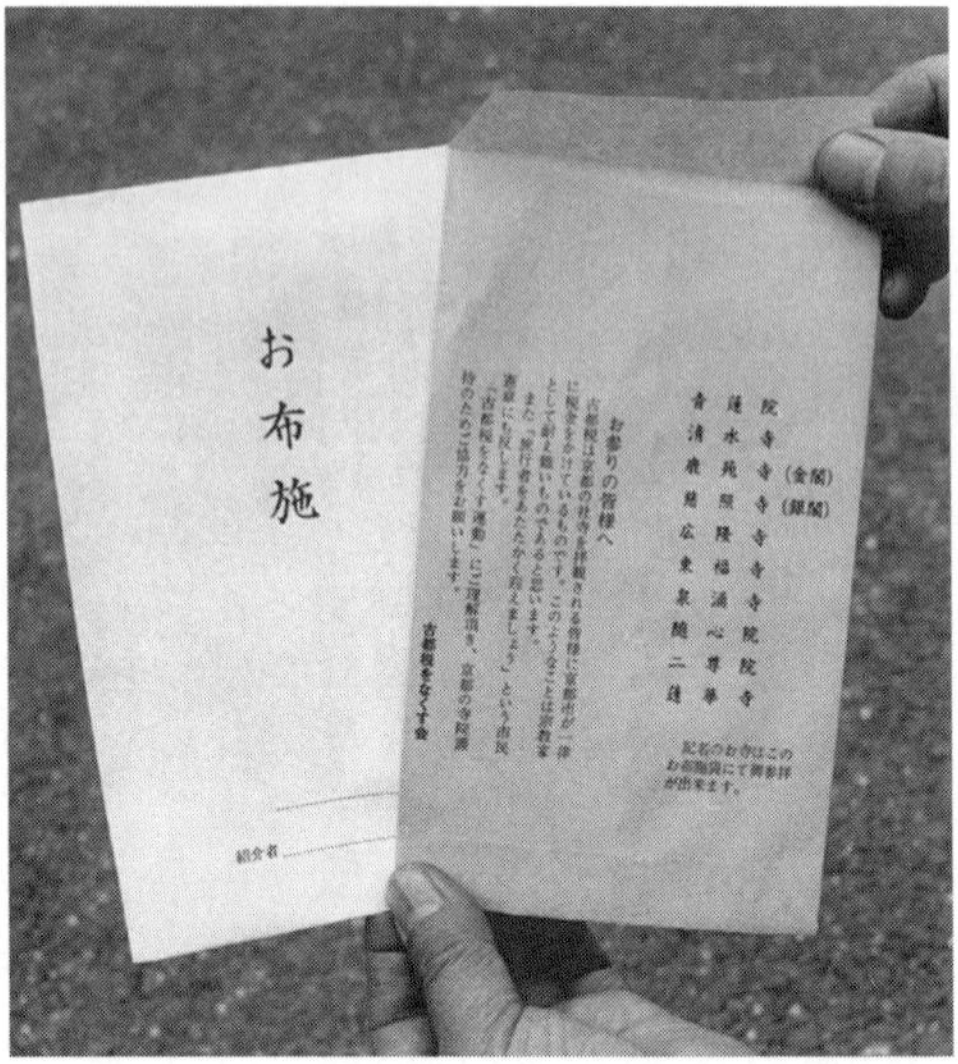

写真10　志納金袋

門前に持参した人に拝観を認めるという方式である。志納金は古都税の課税対象とならないことから仏教会も了承し、志納金方式実施に向けた準備が開始された。また、「古都税をなくす会」は市長・市議会のリコール運動も同時に展開することになった。

松本理事長は仏教会に辞表を提出していたため、四月十八日に仏教会は辞任を認めた。五月二十一日には、仏教会の運営方針を批判していた京都市内八支部の支部長会が、大徳寺・妙心寺《みょうしんじ》を含む市内六二一ヵ寺とともに仏教会を脱会した。さらに、七月九日に東本願寺《ひがしほんがんじ》・西《にし》本願寺と知恩院《ちおんいん》が続けて脱会し、これらの寺院は翌昭和六十二年九月十一日に京都府仏教連合会を設立した。

（8）第三次拝観停止（昭和61年7月〜同62年10月）

「念書」公表

志納金方式による三ヵ月間の開門が終了したために、七月一日から無期限の拝観停止が始まった。三回目の拝観停止に参加したのは、青蓮院・鹿苑寺・慈照寺・広隆寺・二尊院《にそんいん》・蓮華寺の六ヵ寺であった。清水寺は内紛状態にあったため、志納金方式のまま開門を続けることになった。

写真11　「念書」を公表する東伏見会長

京都市は、七月二十六日に古都税を納入しない六ヵ寺に対して合計一億円の古都税決定通知書を送付し、一ヵ月以内に税が納入されない場合は、地方税法に基づき差し押さえなどを行う方針を示した。さらに九月十日には、奥野康夫《おくのやすお》助役が「（古都税を）払わないなら、法的手段もやむを得ない」と述べたことから、主導権を回復する必要に迫られた仏教会は、十六日に8・8和解の際に作成した寄附金額の「念書」を公表するとともに、京都地検に提出した。それと同時に、8・8和解に至る今川市長と西山氏との電話交渉を録音したテープが存在していることも明らかにしたのである。

電話交渉テープ公表

今川市長は、九月十八日の市議会本会議で答弁に立ち、「念書は全く存じていない」と言明した。仏教会幹部は、虚偽《きょぎ》の発言を続ける今川市長が話し合いに応じる可能性はないと判断し、電話交渉テープの公表を西山氏に要請した。西山氏は公表に消極的であったが、「テープに関する全ての責任は仏教会にある」として仏教会幹部が公表を決定したために、西山氏も同意することになった。

仏教会は、昭和六十二年（一九八七）一月十二日の記者会見で電話交渉テープを公表した。強硬策に出た仏教会に対抗するために、京都市は六ヵ寺に対して財産差し押さえ予告通知書を送付した。しかし、その処置は、一月二十四日に発生した日本刀を持った男が市役所に押しかけて秘書係長を切りつける事件の原因となり、市政は混乱の極みに達した。

一月二十五日に、閉門中の六ヵ寺を除く古都税対象寺院と懇談会を持った今川市長は、出席者のほとんどが差し押さえに反対の意向を示したことを受けて、その延期を表明した。二月二十五日には、仏教会が新たに編集したテープを公表したために、翌二十六日から市議会本会議を迎える今川市長は更なる窮地《きゅうち》に追い込まれた。

開門、和解

仏教会は、拝観停止の経済的打撃と差し押さえの延期によって京都市が手詰まりになった機会を捉え、柔軟な路線に転換することで事態を新たに展開させることを試みた。四月二十二日に、「市と裸で話し合う」ために、五月一日からの開門と、京都市との交渉でネックとなっている西山氏が退くことを仏教会は発表したのである。

それを受けて、京都市と市議会は問題解決に向けて動き出し、六月二十四日に古都税問題協議会を共産党抜きで市議会に設置した。二十九日に行われた古都税問題協議会の初会合に出席した奥野助役は条例の見直しもあり得ることを示唆した。そして、九月二日の記者会見で今川市長が古都税廃止を明言し、十一月二十五日に京都市と仏教会との会合が相国寺《しょうこくじ》承天閣《じょうてんかく》美術館で開かれ、条例廃止と一年八ヵ月分の古都税相当額を寄附金で支払うことが合意されたのである。

古都税条例は、昭和六十三年（一九八八）三月三十一日をもって廃止された。

第２章　景観問題

（１）　景観問題の発生（平成２年４月～同３年６月）

「高度地区」と総合設計制度

昭和六十三年（一九八八）から平成三年（一九九一）まで続いた「バブル景気」によって大都市圏の地価が高騰《こうとう》したことにより、強引な地上げ行為や乱開発が各地で見られるようになった。京都でも、この時期に町家が並ぶ町並みが急速に破壊され、「ペンシルビル」やワンルームマンションが林立するようになったのである。

元来京都市は、昭和三十九年（一九六四）に発生した双《ならび》ヶ丘《がおか》売却問題や京都タワー建築問題の反省を踏まえ、景観問題への先進的な取り組みを進めていた。すなわち、昭和四十七年（一九七二）に「京都市市街地景観条例」を成立させるとともに、翌四十八年には市街地の大半を「高度地区」に指定して、中心部については四五メートルを超える建造物の建築を制限した。しかし、国が地価抑制政策を推進したこともあり、市街地における土地の高度活用を促進するために、建築基準法五九条の二に定められた総合設計制度を積極的に運用する方針に京都市は転換したのである。

総合設計制度とは、昭和四十五年から開始された制度で、公共のために使える一定規模の公開空き地を設ければ、建造物の容積割増しを認めるとするものである。京都市は、昭和六十三年に

「京都市総合設計制度取扱要項」を定め、建造物の高さ制限を六〇メートルにまで緩和した。

京都ホテル・京都駅ビル高層化計画と仏教会

「京都市総合設計制度取扱要項」策定《さくてい》から二年が経過した平成二年（一九九〇）四月、京都ホテルが既存の建物を取り壊し、六〇メートルの高さに建て替える内容の計画案を京都市に提出した。また、十一月には、平安建都一二〇〇年記念の関連行事であるJR京都駅改築についての「設計競技の概要」が発表され、高さ制限にこだわらない方向が示されたのである。

マンション建築が計画されていた産寧坂《さんねいざか》近辺の土地を景観を守るために清水寺が買収するという一件が起きたこともあり、町並みの保全に問題意識を抱いていた仏教会は、京都市による高さ制限緩和を「伝統的景観を根本的に破壊する政策」と批判し、JR京都駅や京都ホテルの高層化計画に絶対反対する方針を十一月九日に決定した。

十二月一日に開かれた市議会普通決算特別委員会で、竹沢忠義《たけざわただよし》都市計画局長は「京都駅改築は京都全体のまちづくりをどう考えていくかの視点が重要だ。従来のように守るだけでなく、将来の展望を持つべき」と述べ、昭和四十七年の「京都市市街地景観条例」を見直し、高層化に対応する見解を改めて示した。有馬頼底理事長は田邊朋之《たなべともゆき》市長に「高層化反対」の申入書を十二月十九日に手渡している。

京都ホテル改築許可と仏教会の反対運動

平成三年（一九九一）一月二十二日、京都市建築審査会は京都ホテルの改築計画に同意した。高さ制限緩和の第一号として建築にゴーサインが出たのである。それに対して仏教会は、清水寺など京都市内の二〇ヵ寺の門前に「当寺院は京都の歴史的景観を破壊する京都ホテルなどの高層化には反対です」と記された立て看板を一月二十八日から設置した。また同日に、市民アンケートをまとめた京都市職員労働組合が、高層化に反対の市民が六四%であったことを発表している。

田邊市長は、二月十四日に京都ホテル改築計画に許可を出した。それに伴い仏教会の反対運動も激化し、「京都の未来―景観を考える」と題する公開シンポジウムや、新たな内容の立て看板の設置、四条河原町でのビラの配布などを実施している。さらに六月十日には、京都ホテル非常勤取締役を勤めていた塚本幸一《つかもとこういち》ワコール会長（京都商工会議所会頭）・小谷隆一《こたにりゅういち》イセト紙工社長（同副会頭）・千宗室《せんそうしつ》茶道裏千家《うらせんけ》家元が高層化反対を理由に辞任した。塚本氏ら三氏は、仏教会や市民団体から直接に批判されたことを受けて、五月二十八日に京都ホテルの高橋正士《たかはしまさし》社長へ計画見直しを申し入れていた。しかし、ホテル側が「市の許可を受けたもので問題なく、変更も経営的に困難」との考えから見直しを受け入れなかったため辞任に及んだのである。

仏教会と塚本氏は六月十九日に共同で会見し、高層化に反対する声明を発表した。この会見の席上、立て看板で塚本氏らを批判したことについて、仏教会は認識不足の点があったとして謝罪している。また、この共同会見場には、仏教会と塚本氏との間で折衝役を果たした西山正彦氏が出席していた。助言者として仏教会に復帰した西山氏は、仏教会による立て看板の設置以降、十数回にわたって塚本氏側と交渉を行い、共同会見にこぎつけたのである。

（２）　仏教会・京都ホテルの和解とその撤回（平成3年7月〜同12月）

拝観拒否の表明と和解

七月二十三日、京都市は京都ホテルが申請した建築確認を行った。建築確認によれば、改築計画は敷地七二四四平方メートル、地上一六階・地下四階、延べ面積五万八九六五平方メートル、高さ六〇メートルとなっていた。

仏教会は、改築を阻止するために、京都ホテルグループ四施設の宿泊者に限り鹿苑寺・清水寺など七ヵ寺の拝観を十二月一日から拒否する方針を十一月一日に発表した。この戦術に関しての助言を仏教会に行った西山氏は、十一月十二日付毎日新聞夕刊に「古都税の時のように寺や門前への影響はほとんどない。多少の批判は覚悟して、相手に大きなダメージを与える」とするコメントを寄せている。

その後、両者の妥協がないまま拝観拒否へ突き進むかと思われたが、十一月二十日に相国寺において仏教会有馬理事長・清瀧智弘常務理事と京都ホテル高橋社長・柴田《しばた》顕《あきら》専務が記者会見を行い、仏教会の意向を踏まえて設計変更の検討に入ることを高橋社長が表明した。有馬理事長は、拝観拒否方針を撤回するとともに、「四五メートルに限りなく近づくことを希望している」と発言したが、京都ホテル側からは具体的な説明がないまま会見は終了したのである。

写真12　記者会見する有馬理事長、高橋社長（右から）

高さ見直しの撤回

仏教会は、西山氏を中心に作成したホテル設計計画代替案を十二月二日に京都ホテル側に提示した。代替案では、高さ四四・五メートル、五〇・七メートル、五六・九メートルの三設計案を示したうえで、容積率・客室数などの比較から五〇・七メートル案がもっとも最適であるとされていた。代替案を受け取った京都ホテル側は「当社としては主体性を持って、真摯《しんし》な態度で再検討を進めている」と述べ、不快感を示した。

十二月五日、柴田専務は記者会見を行い、「再検討したが、やはり設計変更は経営を破たんさせる」として当初計画通り高さ六〇メートルのビルに改築すると述べ、仏教会との合意をくつがえした。また柴田専務は、京都市から叱責《しっせき》を受けたこと、高橋社長が辞表を提出したことに言及し、京都市と仏教会との板挟みにあったことをほのめかしたのである。

京都ホテルによる仏教会との合意撤回を受けて、京都市の武居《たけい》桂《かつら》住宅局長は「決して快くはないが、計画を前に進めるのが大事」と見直しを歓迎した。一方、有馬理事長は「この突然の発表は、ある筋から大きな力が加わったからだ」と怒りを露《あら》わにしたのである。

建設差し止め仮処分申請

十二月九日、京都ホテルは改築工事を着工した。建築現場には清水寺門前会などの観光関連業者や市民団体が集まり、抗議集会を開いた。

仏教会は、十二月十三日に建築工事差し止めを求める仮処分申請を京都地裁に提出した。中立書では次のことが主張されていた。

①双方が同席した記者会見で公表された協定を、事前協議もなく京都ホテル側が破棄したのは債務不履行にあたる。

②仏教会には、京都の宗教的文化的遺産を守る権利と義務があり、遺産を破壊・侵害する行為を排斥《はいせき》する「宗教的・歴史的文化環境権」がある。

③高層化されると京都の景観が損なわれ、文化都市としての魅力がなくなり、観光客が減少して寺院の経済的利益が損なわれる。

また、景観問題について市民からの意見を集約する必要性を感じた仏教会は、京都駅ビル建築を進めるＪＲ側に計画の是非を問う住民投票の実施を提案するとともに、清水寺大講堂で関係団体を集めて意見交換の会合を行った。しかし、市民団体が清水寺の会合に出席しなかったことなど、市民と仏教会との間で足並みの乱れが見られた。

（3）　京都ホテルグループ宿泊客の拝観拒否（平成4年1月～同6年7月）

仮処分申請口頭弁論と京都ホテル株主総会

平成四年（一九九二）一月二十一日、建築差し止め仮処分申請の口頭弁論が行われ、京都ホテル側は高橋前社長の陳述書《ちんじゅつしょ》を提出した。陳述書では以下のことが論じられていた。

①京都ホテル側と西山氏との交渉が、設計変更の表明に至るまでに計一四回行われた。

②建築計画を真剣に再検討すれば、計画変更できないという結果になっても仏教会は了解すると西山氏が言った。

それに対して、二月二十六日の口頭弁論で、西山氏は「高橋社長との間で六〇メートルを四五メートルにする約束を取り付けた」と証言し、双方の主張は真っ向《まこう》から対立したのである。

仏教会は戦術を変更し、有馬理事長・大西真興理事・西山氏・仏教会顧問弁護士二名の計五名が、京都ホテルの株式を取得して株主総会で高層化問題を追及することにした。三月二十七日に株主総会が開かれ、双方で激しいやり取りが繰り広げられた。

仮処分申請却下

七月一日、JR京都駅ビル改築問題について、特定街区《がいく》制度を適用して駅周辺の高さ制限（三一メートル）を緩和し、五九・八メートルのビル建築を容認すると田邊市長は発表した。特定街区制度とは、一定以上の道路に囲まれた街区で公共用地が確保されていれば、高さや容積率などを新たに定めることができるとする都市計画上の制度である。

仏教会が提出した京都ホテル建築差し止め仮処分申請は、「高さを下げるとの合意は成立していない」、「宗教的・歴史的文化環境権は私法上の権利と認められない」との理由で八月六日に却下された。翌七日の記者会見で、有馬理事長は「京都で高層ビルの林立を許すことは、歴史への冒とく。今後、徹底的に反対運動を進める」と声明を読み上げ、大阪高裁へ即時抗告する方針を示した。

さらに八月二十日、記者会見を行った有馬理事長は、「新証言を得られる見込みがないため」即時抗告を断念し、京都ホテルグループ宿泊客への拝観拒否を十二月一日から実施する旨を発表したのである。

写真13　拝観拒否の看板を設置する慈照寺の僧侶

拝観拒否開始

京都市都市計画審議会は、十月二十九日にＪＲ京都駅ビル改築工事に関連して、特定街区制度を導入することを承認した。ＪＲ京都駅ビルも翌年春から着工する見通しとなったのである。

十二月一日、鹿苑寺他七ヵ寺は京都ホテルグループ宿泊客の拝観拒否に入った。有馬理事長は「今後、百年かかろうと、何代にわたろうと根強く反対運動を続けて参ります」との声明を発表している。

平成五年（一九九三）十月二十五日、京都市はJR駅ビル建築計画を申請通り建築確認した。平成六年一月三十一日、田邊市長らを相手取って仏教会が起こした総合設計制度適用許可の取り消しなどを求める訴訟が「裁判を起こす資格がない」との理由で却下、七月十日からは新築の京都ホテルが開業した。

（4）京都市の新景観条例（平成6年12月〜同19年3月）

市政の方針転換

平成六年十二月十五日、鹿苑寺・慈照寺・清水寺など一七の社寺と城が「古都京都の文化財」としてユネスコの世界文化遺産に登録された。行政・市民ともに文化財保護に対して大きな責務を背負うことになったのである。

平成八年になり、仏教会と対立した田邊市長が病気により任期途中で辞任し、二月二十五日に桝本頼兼《ますもとよりかね》氏が市長に就任した。京都市は、市長交代の期をとらえ、仏教会との関係改善に動き始めた。前年十二月の世界遺産登録証明書伝達式に出席するなど仏教会も歩み寄りの姿勢を見せており、夏以降に京都市と仏教会の幹部は水面下で会合を持ち、景観問題などについて意見交換を行った。

「鴨川芸術橋」計画とその撤回

平成九年十月十五日、京都市都市計画審議会は、前年十一月にフランスのシラク大統領が桝本市長に提案した「鴨川《かもがわ》芸術橋」計画を承認した。「鴨川芸術橋」計画とは、パリ・京都姉妹都市四〇周年記念事業として、パリ・セーヌ川にかかる「ポン・デ・ザール（芸術橋）」をモデルに、鴨川の三条大橋―四条大橋間に歩道橋をかけようとするものである。計画発表から一年足らず、イメージ図などの具体案公表から約二ヵ月での承認に市民団体などは反発し、計画の見直しを求める運動を開始した。仏教会は、「鴨川に橋を架けること自体は仏教会として反対していない」「パリの橋そのものを京都に持ち込むのは景観上、問題があるし、絶対あってはならない」との見解を示した。

平成十年八月六日、桝本市長は「市民とのパートナーシップによる街づくりや市政運営に多大のマイナスを及ぼすおそれ」から「鴨川芸術橋」計画を白紙撤回した。計画の是非を問う住民投票を市民団体が準備するなど、反対運動の高まりを受けての桝本市長の決断であった。

京都市・仏教会の和解と新景観条例

桝本市長就任以来、京都市と仏教会は協調の道を探っていたが、平成十一年（一九九九）五月、稲盛和夫《いなもりかずお》京都商工会議所会頭の仲介により、「過去にけじめをつけ、未来志向で力を合わせる」ことで両者は合意し、古都税問題以来の対立が解消された（口絵２）。

景観問題は、「時を超え光り輝く京都の景観づくり審議会」の答申を受け、桝本市長が眺望保全のための新条例を制定する方針を平成十八年（二〇〇六）十一月十四日に示したことにより、改善に向けて大きく前進した。そして、平成十九年三月十三日、新景観政策に関連する六つの条例案が可決されたのである。新条例の要点は以下の通りである。

①「歴史的風致地区」の高さ制限を四五メートルから三一メートルに引き下げる。

②屋上看板や電飾点滅公告禁止。

③京都を代表する眺めを遮《さえぎ》る建物の高さやデザインを制限。

条例の制定により、京都市の景観問題は新たな段階に入ったのである。

参考文献

京都仏教会編『古都税反対運動の軌跡と展望―政治と宗教の間で』（第一法規出版、一九八八年）
上田佳吾「誰も書かなかった古都税　騒動の果てに残されたもの」（『ねっとわーく京都』一号、一九八八年）
牧野文夫『古都税往生』（私家版、一九八八年）
大澤昭彦「京都市における高度地区を用いた絶対高さ制限の変遷～一九七〇年当初決定から二〇〇七年新景観政策による高さ規制の再構築まで～」（『土地総合研究』二〇一〇年夏号）
京都市市政史編さん委員会『京都市政史』二巻（京都市、二〇一二年）
「京都新聞」昭和三十一年四月～同三十九年七月、同五十七年七月～平成十九年三月
「朝日新聞」、「中外日報」、「読売新聞」、「毎日新聞」、「産経新聞」、「日本経済新聞」昭和五十七年七月～平成十九年三月

第二部　関係者インタビュー

聞き手　長澤香静（京都仏教会事務局長）
藤田和敏

構成・編集　藤田和敏

1　奥野康夫（おくの・やすお）氏

昭和三年（一九二八）生。同二十六年（一九五一）京都市入庁。東山区長・伏見区長・職員局長などを歴任。同五十六年（一九八一）から平成元年（一九八九）まで助役《じょやく》。

京都市財政と古都税の是非

――古都税問題の時に助役であった奥野さんは、当時どのようなお気持ちで動いておられたのか。そのことから語っていただきたく思います。（藤田）

奥野　古都税は、京都の優れた文化・伝統・自然景観を後世に伝えるための費用を、市民だけではなく、京都に来られる観光客にも一部は負担してもらおうという趣旨でした。一方、仏教会は、寺を訪れた動機が物見遊山《ものみゆさん》であっても、それによって安らぎが与えられたら宗教行為なので、拝観者への課税は信教の自由を侵害するという理由で反対されました。要するに、仏教会は税とは関わりたくないということが基本姿勢で、京都市とは永久に交わる問題ではありませんでした。

京都市の税収は、よその都市と比較したら極端に低いのです。当時、固定資産税収入は六大都市の中で最低でした。それはなぜかと言ったら、非戦災都市であったためです。木造の家々の固定資産税はゼロに近いのです。しかもそれに加えて、広大な面積を有するお寺の固定資産税も、ノータックスになっているわけです。

京都市の最も大きな課題は、文化観光都市をいかにして作り上げていくかということです。観光に来られる大勢の人々に対する諸設備への費用が要りますよね。道路の補修であるとか、駐車場の整備であるとか。よその都市ではさほど問題にならないことに金がかかるわけです。だから、お寺から税を直接徴収するということではなくて、特別徴収義務者としてお寺を位置づけて、観光客から税を取っていただこうとしたのですが、拝観者は観光客ではないと仏教会は仰るわけです。しかし、清水の舞台に立って景色を眺めている人を敬虔《けいけん》な仏教徒と言えるかどうかを考えれば、私はどう見ても観光客だと思うのです。そうしたことから、古都税は基本的に正しかったと私は思っています。

――市議会が、古都税条例を審議抜きで一挙に可決したことについては？（長澤）

奥野　審議抜きということではなく、それまでに市議会の委員会ですでに長時間にわたり討議されてきたわけです。だから、もうこれ以上審議する必要がないということです。

京都市政を取り巻く状況

――京都市政の状況についてはどうだったのでしょう。昭和五十六年（一九八一）の市財政は二六億円という赤字を出しています。そのことが古都税問題の伏線になっているわけですが。（藤田）

奥野　京都市政を運営していくうえでの基本的な方向というのは、文化観光都市として生きていくということです。しかし、大都市として生きていこうとすると、観光や文化だけでは無理なのではないかと思うのです。私はある時、市の職員労働組合の幹部にその話をしたら、彼らは「観光都市で生きていくべきだ」、「おかしなところに道路を引いたりしたらいかん、京都市は五〇万都市になってもいい」と言いました。

それは一つの提言としては正しいと思うのですが、一方で大都市としての最低限の機能も必要なのです。当時、町の中に高速道路が入っていないのは京都市だけでした。商売や工場をやっておられる方は、荷物を発送するのに、昔の道路をちょろちょろと通って高速道路に乗らないといけなかったのですよ。そんなことでは商売が成り立っていきません。だから自《おの》ずと観光都市ということになっていくのです。

――昭和五十六年に平安建都一二〇〇年記念事業（平成六年〈一九九四〉）に向けての基本構想がまとめられて、本格的な都市整備が開始されました。どのように施策を実行されたのですか。例えば、京阪電鉄の地下化については？（藤田）

奥野　あれは私が担当しました。その時、宮川町のお茶屋に説明に行くと、「京阪の地下化は反対や」と言うのです。「私らは、京阪の一番電車の通る音で毎朝目覚めてたんや」と（笑）。よその都市の職員に話を聞くと、「京都は一番うるさいところや」と言うのです。私はよその都市の経験がないので、それはどうかなと思いますけれども。どちらかというと、京都の町は大体が閉鎖的なのです。道路をアスファルトにすると言ったらね、「前のままにしておいてくれ、アスファルトにされたら情緒がなくなる」と。

京都市政の政治的特質と今川市長の評価

――京都市の特質としては、政治的に共産党の勢力が強いということがあります。舩橋求己《ふなはしもとき》市長

写真14　市議会委員会で答弁に立つ奥野氏

の在任中（昭和四十六年〈一九七一〉～同五十六年）には、市議会は共産党を含めたオール与党体制が構築されました。（藤田）

奥野　当時を振り返ってみたら、五党相乗りほどやりにくいものはありませんでした。市政を運営する側も、一党か二党で与党をやってもらった方が、うんとやりやすいのです。私が仕えてきた市長が政治的に動いたことはほとんどなかったです。船橋市長は議員に任せて一切自分は動かない。オール与党体制というのは、各党の力が結果として均衡《きんこう》してしまったということです。

――今川市長もオール与党体制を継承されましたが、今川市政全般については、どのようにお考えですか。（藤田）

奥野　今川市長の二度目の選挙の時には、いろいろなことをやりました。今川市長はそういうことが得意な方ではなかったのでね。市長の個性というものが市政を左右します。舩橋市長は、非常に太っ腹な人で、清濁併《せいだくあわ》せ呑《の》むようなところがありました。一方、今川市長は繊細《せんさい》な方でした。

古都税問題の膠着とその対処

奥野　古都税は、止めるならば止めるで、もっと早く止められたかも分かりません。古都税問題で事態が膠着《こうちゃく》すると、話をつけてやるという人がたくさん出てきたのです。いろいろな人が、「わしはどこどこと仲がいい」とかね。しかし、みんな出かけて行っては失敗でした。

――仲介役の方がお寺に行かれて。結局それがうまくいかずに。（藤田）

奥野　全部そうです。

――自民党の藤尾正行政調会長による調停でも失敗しましたよね。自民党の政調会長が間に入っても、どうにもならなかった。（藤田）

奥野　仏教会側のどなたとお話をしたら事態が収拾するのか、こちらには把握できなかったのです。最後まで。

私は、「これは早いこと収拾せんとあかん」と思っていました。それで私は、市長にも誰にも相談せずに、理財局長と二人で話をして、東京へ行って、京都府選出の自民党の有力議員に会ったのです。その人から自治大臣を呼んでもらって、「古都税を止めたい」ということを伝えました。自治大臣からは、「何もせずにやめたというのはよくない。一年間だけ実施したということで収拾せよ」と言われたのです。しかし、この条件を仏教会側のどなたにお話ししたらよいのか。

この人ならば信頼できるという人が仏教会側にいたら、もっともっと早く収拾できたと思うのです。市長は京都市というものを抱え、市役所の人間を抱えて走っている。仏教会も立場がありますから、それはそれでいいのですけれども。しかし、何をやるにしても、せめて信頼できる相手がいないと。（仏教会は会員寺院の）代表になっているのか、個人の意見を仰っているのか、分からないというのは…。

困難だった古都税問題の収拾

――古都税を止める時には、その判断は市長というよりも、理財局長と奥野さんがされたのですか。（長澤）

奥野　正直言ってね、市長はもう無理。西山さんにあんなテープを取られてしまって。でも、私はよく先輩から言われました。「お前は今川さんに助役にしてもらったんやから、今がある」と。市長からは命令が下りてきません。また、いろいろなことを市長に提案する寺があるのですよ。市長はそれに乗りかけるのです。私と理財局長が二人で「あきまへん」と言って、市長を止めていました。殺生な話です。

当時の今川市長については、その言動が揺れ動いたことがありましたが、これもこの事案が行政としていかに難しいものであったかを物語るものであったと言えるかと思います。

（平成二十七年五月十二日　京都市内老人施設にて）

2　髙木壽一（たかぎ・ひさかず）氏

昭和十六年（一九四一）生。同三十九年（一九六四）京都市入庁。同五十五年（一九八〇）から同六十年まで経済局経済企画課長。同年から同六十二年まで総務局広報課長。その後、企画監・総合企画局長・副市長などを歴任。

京都市広報課の業務内容

——古都税問題の際には広報課長に在任されていたとのことですが、最初に京都市広報課の基本的な業務内容についてお尋ねします。広報手段としては『市民しんぶん』の存在が大きいかと思いますが。（藤田）

髙木　『市民しんぶん』の中身は、おおまかに言いますと、①政策・施策の紹介、②市民生活に関わるお知らせ、③議会活動についての報告の三種類ぐらいです。紙面が限られているなかで各部局からあれもこれもと出てきますから、優先度を決めることが大変でしたね。

とは言っても、『市民しんぶん』に関しては、毎月の繰り返しですので、馴《な》れれば担当者に大抵のことはやってもらえます。広報課長としてしんどいのはマスコミ対応のほうです。京都市には記者クラブが置かれており、全国各紙と地元新聞、それに一部の放送局が入っています。これは京都府でも府警でもほぼ同じです。様々な取材活動があり、市長サイドが嬉しくないことを取り上げられることもあります。そういう場合の対応窓口になって、報道内容の事前調整をお願いしなければなりません。そのためには、常日頃からクラブ所属の記者との意思疎通を円滑にして信頼関係を作っておかなければなりませんよね。一つの社だけに特ダネが流れたりしたら、それこそ大騒動です。

――何かあったら市長のところに夜討ち朝駆けで記者が集まってきて、それに対応するのが広報課長の仕事ですか。大変ですね。（藤田）

高木　そうなんです。たまたま私が課長の時に大事件が集中しまして、鳥居事件と呼ばれた局長級の職員による横領事件がありました。記者クラブはてんやわんやで、少しでも目新しい報道を目指しますから、こちらの方もできるだけ正確な情報をつかんでおく必要がありました。各部局にマスコミ対応をする十分な機能はありませんから、広報課のほうで誤った報道内容にならないように注意しなければならないのです。たびたび市長の記者会見を求められますが、全て応じるわけにもいきませんし、会見に当たって何をどこまで話すのか、そういったことも調整しなければなりません。

古都税問題が混乱した理由

――古都税の話に入ります。昭和五十八年（一九八三）一月に古都税条例案を市議会が即決し、『市民しんぶん』でも新税キャンペーンが展開されましたが、当時の状況について教えてください。（藤田）

高木　市長の政策がまさに古都税を導入することでしたから、京都市の広報としては、とにかく市民の皆さんに古都税をよく知ってもらうことが仕事でした。

――古都税問題が発生した時の様々な動きには関わっていないということですか。（藤田）

髙木　はい。古都税の導入をなぜそんなに急いだのかよく分かりませんでした。個人的には唐突《とうとつ》な感じがしましたね。元々どこで誰が発案したのかもよく分からなかったのです。気がついた時には、担当助役や理財局長が「これで行く」という状況でした。新税は極めて重要な案件なのですから、普通ならば立案段階でいろいろ聞こえてくるものですけれど。

それと、良いか悪いかは別にして、このようなことには相当広範囲に事情聴取のための根回しをするのが普通です。それを十分に行った形跡がなかったですね。ほんの特定の人たちだけに打診して「これでいける」という感触だったのでしょうか。もう少しじっくり構えた方が良かったと思います。

――古都税問題があれだけの大事件になってしまったのは、最初の段取りが悪かったからだと。（藤田）

髙木　そのとおりです。それからもう一つは「覚書」のことですね。以前に高山市長がこの種の税は二度と課税しないと仏教会に約束していたのです。私はそれを守るのが筋だと思いました。多くの記者もそのことに触れていました。もし今川市長に直接話ができていたら、「市長の約束を次の市長が反故《ほご》にしてもそれでいいと思いますか？」と尋ねてみたかったですね。市長が代われば約束を違《たが》えてもいいということになれば、市民にとって市長の約束は信じる価値がなくなってしまいます。市民との約束は違えないという原則が保障されていなければ、市民に信頼される行政はできません。市政は継続性も大切なのですから。

記者会見での今川市長

――電話交渉テープ公表のような仏教会の攻勢によって、記者会見における今川市長の発言が二転三転する事態におちいりました。（藤田）

高木　市長の記者会見をやらないようにすることに一番苦労しました。とにかく、会見をするたびに話が違う内容になって、それが原因でまた会見をしなければならなくなる。そのようなことの繰り返しでしたから。

――古都税問題に関するどの資料にも、今川市長は大変いい人で、誰かに何か言われるとすぐに動揺して、コロッと変わってしまうということが書かれていますが。（藤田）

高木　市長本人が会見をしたがる場合もありましたよ。これは自分が黙っているわけにはいかんということで。それこそ、いい人だから。市長の周辺から「なんとか広報課長、止めてくれ」とよく言われました。

人がいいので、関係する人にいろいろ言われると、誰とでも直接話をしてしまうのですね。我々からしてみれば、市長が話をするべき相手は代表者だけで、それもなにかの節目で責任を持てる者同士が話をすることが当たり前だと思っているわけです。例の西山という人が市長と話をしたことも、彼が仏教会を代表して話をしているとしか考えようがないですよね。それが後から聞くと水面下の話だったとか。実際にどういういきさつで話をされたのか全く分からないのです。

古都税問題への対応

髙木　問題がこじれてからは、京都市と仏教会との窓口が全くなくなってしまいました。通常は担当部局と相手側とが折衝を続けて、その状況を市長サイドに上げて方針を検討するのです。ところが、当時の理財局では仏教会と全く接触できず、それができるのは市長だけという異常な事態でした。辛《かろ》うじて得られた仏教会側の情報は、私が付き合っていた記者たちによるものでした。仏教会の内部会議はいつも深夜に行われていましたので、彼らの取材内容を聞き出すことが私の仕事になっていました。ほとんど徹夜で得られた情報を直ちに報告していました。助役も心配されていましたから、時間を顧《かえり》みず連絡していたのです。

一方で、拝観を拒否している寺院の門前町で営業しておられる人たちが何回も嘆願書《たんがんしょ》を持って来られました。いつも記者クラブへ来られましたので私が対応しましたが、本当に悲痛でした。経済局で緊急融資を行っていましたが、売り上げが皆無の状態でしたからね。

仏教会との最終的な和解

――古都税問題終結後のことをお伺いしたいのですが。（藤田）

髙木　古都税は廃止になり、一応の終結を見たのですけれど、京都市と仏教会は通常の関係には戻りませんでした。景観問題では対立が続き、一部の寺院で京都ホテルの宿泊者は拝観拒否するというような状態でしたから、多くの商工業者の方々が不安を感じておられました。私も、このような状況が、京都市にとって喉元《のどもと》に刺さったトゲのような危うさを感じていました。

私が経済局長時代に、（毎年四月八日の降誕会《ごうたんえ》に仏教会が主催する）「おしゃかさまを讃《たた》える夕べ」

のご案内をいただきました。京都市はそれまで誰も出席していなかったのですが、私は敢えて出席しました。記者に「なんで来はったんです?」と問われましたが、「招かれたから敬意を表しに来るのが当たり前でしょ。これまで来なかった理由は来なかった人に聞いて下さい」とごまかしておきました。

経済局が産業観光局に名称変更され、局長を通算五年間勤めてから企画監というポストに移りました。これは新設ポストで、二〇〇〇年から二〇二五年にわたる新しい京都市基本構想を策定するためのリーダーでした。それほど業務量が多くなかったのか、就任した時に仏教会担当という役目が加わりました。市長から打診された時には「喜んでやります」と答えたものです。

それをきっかけに、関係を修復したいという思いで初めて仏教会事務所にお邪魔しました。結局二年間通い続けましたが、そのことで長澤《ながさわ》事務局長との信頼関係もできていきました。全てはもう長澤さん次第との思いで率直に和解のお願いを繰り返したところ、長澤さんは和解について仏教会の理事会に諮《はか》って同意を得てくださったのです。長澤さんから大西真興さんをご紹介いただき、和解のために間に入ってもらう役を当時の京都商工会議所の稲盛和夫会頭にお願いしたいと提案しました。大西さんにご同意いただきましたので、稲盛さんに「間に立っていただけますか」と非公式にお願いし、二つ返事でお引き受けいただきました。仏教会にも組織として稲盛さんに会っていただいて、ついに和解が成立する運びになったのです。

当然のことですが、その間の推移について市長には報告をしていました。市長も非常に喜ばれ、是非実現するよう指示されました。古都税問題の轍《てつ》を踏まないよう、議会や関係者に内々の根回しをしました。京都市の責任で仏教会の組織が分裂したのですから、京都府仏教連合会にも説明し、ご理解を得ました。

古都税問題への責任

——古都税など、やらなければよかったのですね。（藤田）

高木　やるにしても、関係者の意見をよく聞いたうえならば、もっと市民的な議論ができたのではないでしょうか。約束を破るということでも、説明を何回も繰り返して、破らざるを得ないということをよく分かってもらう必要がありますよね。分かってもらおうとする熱意と努力が強ければ、もう少しは聞いてもらう耳もあったのかなという気がしないでもないですね。

私が最後のこと（稲盛氏を介した和解）をさせてもらったのは、古都税問題は京都市に責任があると個人的には思っていたからです。和解以後の京都市と仏教会の関係を見ていますと、「花灯《はなとう》路《ろ》（注1）」の開催など、古都税問題以前に比べてはるかに良くなっていると感じます。そういう意味では悪いことばかりではなかったのだと今は思っています。

（注1）花灯路…東山地区と嵯峨《さが》嵐山地区に約二四〇〇～二五〇〇基の行灯《あんどん》を点《とも》し、夜の散策を楽しむ行事。京都府・京都市・仏教会など共催。

（平成二十七年七月六日　京都仏教会事務所にて）

3　桝本頼兼（ますもと・よりかね）氏

昭和十六年（一九四一）生。同三十八年（一九六三）京都市入庁。京都市教育委員会教育長・京都市長（平成八年〈一九九六〉から同二十年〈二〇〇八〉まで三期一二年）を歴任。

市長就任までの経緯と桝本市政の方針

――まず、ご自身のプロフィールをお聞かせ下さい。（藤田）

桝本　私は、旧満州国《まんしゅうこく》の錦州《きんしゅう》生まれです。戦後に日本へ引き揚げてきて京都府の久美浜《くみはま》に住みました。後に京都市内に引っ越しましたが、大学は東京に行きました。就職活動の時は、高度経済成長の入り口で景気のいい時代でした。私は大学の先輩が紹介してくれた外資系の石油会社に入ることが決まっていたのです。しかし、最後の面接の時に苦手な英会話をマスターして下さいと言われたので、内定を取り消して京都市の試験を受けたら通ったのですね。だから、公務員志望ではなかったのです。

京都市に入ってからは、ずっと教育委員会事務局に勤務しました。京都市は日本で初めて小学校を作ったという教育熱心な土地柄です。学校現場と教育委員会が一体となって人的交流をしながら教育を進めていて、全国的にも注目される教育および教育行政が行われたと思います。私が教育長に就任した時には、三一四校ある京都市立の学校を一年間で全て訪問しました。当時は、学校の先生が尊敬されない風潮が日本全体を覆《おお》っていましてね。「先公《センコー》」なんて呼ばれていました。先生が尊敬されるためには、教師自らが一生懸命やらなければならない。そのような取り組みを行って、かなり浸透しましたね。

市長選への立候補は、全く予想もしていませんでした。平成八年（一九九六）一月九日に田邊朋之市長が病気で辞任されまして、二十日に立候補要請を受けたのです。二十五日に立候補表明をして、二月二十五日の選挙で当選しました。住専問題のために橋本《はしもと》内閣が新進党と激突していた時で、選挙戦もそのことが争点になりました。二二万票余りを得て当選したのですが、次点の共産党候補とは約四〇〇〇票差でした。まさに薄氷《はくひょう》を踏む思いの選挙でしたね。共産党の候補が勝っていたら、橋本内閣は潰れていたと思いますよ。

市長に就任した時は、バブル経済のもっともひどい時期で、地下鉄東西線の建設費が計画の四倍、五倍に膨《ふく》れあがっていました。また、医師出身であった田邊前市長は、人間的には優れた方でしたが、行政的には素人で専門用語が分からないので、幹部職員のレクチャーも十分には理解できなかったそうです。そのようなことがありまして、京都市政は停滞し、職員は萎縮《いしゅく》しきっていました。

職員を元気づけなければ、いい行政はできないということで、「もっと元気に・京都アクションプラン」を策定して実行しました。市長二期目には「観光客五〇〇〇万人構想」を宣言しまして、三五〇〇万人まで落ち込んでいた観光客を一〇年計画で五〇〇〇万人にすることを試みました。大ホラ吹きだと言われましたが、一五一の事業を実施することで七年目に達成できました。

古都税問題と景観問題

――古都税問題の時には、教育委員会事務局総務部長の立場におられたわけですが、その時の印象をお話し下さい。(藤田)

桝本　古都税は、大変な失敗だったと思いますね。関係者の意見を存分に聞いて、議会でも十分な議論をしてから政策を実施しなければならないのに、仏教会を始めとする関係者とほとんど話をしないで、議会も即決という乱暴なことをしました。民主主義の基本にかかわる問題であり、その後の騒動の原因になったと私は思いました。

市民の皆さんは、京都市と仏教会双方に対して冷ややかでしたね。「何をしているんだ」という感じで。この騒動自体が国家的・国民的な損失だったと思います。わが国の精神文化の拠点都市である京都で、お寺さんを拝観できないというのは、市政における最悪の事件の一つでした。

――古都税問題が終結した昭和六十三年(一九八八)には、京都市内で景観問題が深刻化していたのですが、その時の状況を教えて下さい。(藤田)

桝本　「京都は日本人の心のふるさとである」と言いますが、観念的な議論だけで具体的な実践や政策が伴わない、そういう時代であったと思いますね。忍び寄る都市景観の破壊を「クリーピング・デストラクション(creeping destruction)」というのですが、世界の歴史都市のほとんどがそのような危急存亡の時にあって、京都市も例外ではなかったわけですね。有馬頼底理事長も「京都のマンハッタン化」と仰いましたが、ビルが無秩序に林立したら神社仏閣や美しい三山が見えなくなるという危機意識を私は持っていました。このままでは、京都は単なる普通の中規模都市になってしまう蓋然性《がいぜんせい》が高いと思いましたね。

バブルに沸《わ》き立って、国も総合設計制度などの政策を打ち出すのですが、京都に合わない政策でも「補助金などを出すのでやりなさい」ということですから、田邊市政の判断にも狂いが生じたのでしょう。基本的に、京都市に必要な都市計画が国の政策とは違うのだという意識が希薄《きはく》でしたね。

仏教会との関係改善

――市長に就任されてから、仏教会との関係改善に乗り出されます。（藤田）
桝本　京都市と仏教会とは、正常でない、誠に悲しい関係にありました。まさに、京都の悲劇は永遠に続くという状態でしたね。京都市が本当に精神文化の拠点都市となるためには、何としてでも問題を解決しなければならないと考えました。
当時、市の企画監であった髙木壽一さんがうまく動いてくれましてね。「アヒルの水かき」のように水面下で一生懸命足を動かす外交を行えば、たとえ戦争をしている国同士でも和解することができる。京都市と仏教会は不正常な状態にありましたが、関係者の英知が「アヒルの水かき」外交につながったと思います。
――職員の主体性を引き出す基本方針があったので、髙木さんも動きやすかったのではないでしょうか。（藤田）
桝本　マイナス思考では物事は解決しないので、何事に対しても積極果敢《かかん》に夢とロマンをもって立ち向かおうと職員に言いました。「立ち向かう楽観主義」ですね。それと、問題解決能力がない人は京都市の幹部には要らないということを言っていましたのでね。

「鴨川芸術橋」構想の撤回

――平成十年（一九九八）に、三条大橋と四条大橋の間の鴨川にパリ風の歩道橋を架けようという「鴨川芸術橋」計画を自らのご判断で撤回されますが、その経緯についてお話し下さい。（藤田）

桝本　そのあたりの鴨川には災害避難用の橋が必要だということは昔から言われていたのですよ。それに、京都の中心部に新しい名所を作りたかったということが計画を立てた動機でした。車を入れない構造にして、橋の中央部あたりに舞台などを設けて、若者や年配の人たちが演奏会をやれるようなスペースを作りたかったのです。面白い若者文化、街角の芸能が育つのではないかと思ったのですが…。

しかし、「先斗町《ぽんとちょう》をぶち壊して鴨川のど真ん中に車が往来する橋を作る」というようなひどいデマが定着しまして、しかも「鴨川にフランス風の橋とは何ぞや」というような揶揄《やゆ》する言葉も出ました。反対運動の文句としては、うまいですよ。

率直なところ、この反対運動が京都市の全行政に対する反感に変わっていく可能性が高いと思いましたので、これは撤回した方がいいと。行政は一度決めたことは絶対に変えないという鉄則が当時はあったのですが、それも一回打ち破ってみたらどうかと考えました。補助金申請を出しましたから、これには国もびっくりしたみたいですね。人道橋《じんどうきょう》ですから大してお金はかかりませんが、それでも九割方が国からの補助金でしたからね。

納得が得られないことを無理押しするというのは、行政の悪癖《あくへき》だと思います。そういう物の考え方を打破しないと、夢のある未来は生まれませんよ。庁内でも、議会でもいろいろな意見がありましたが、「退く時はあっさり退きましょう」と言いました。

仏教会との和解と新景観条例

――平成十一年五月に京都市と仏教会は最終的に和解します。その時の思いをお聞かせ下さい。

桝本　日本にはいい言葉がありますね。「全てを水に流しましょう」という。持続可能な状態を作っていかなければ、円満な行政は期《き》し難《がた》いと考えました。関係者が英知を集めた結果が和解を生み出したのだと思いますね。

――平成十九年三月十三日には、京都市新景観条例が成立します。（藤田）

桝本　新景観条例では、「歴史的風致地区」は四五メートルから三一メートル、「職住共存地区」は三一メートルから一五メートルに建物の高さ制限を引き下げました。これには建設業界、不動産業界が絶対反対でしたね。屋外広告物の見直しもしましたから広告業界も大反対です。京都の地価が下がる、マンション購入者などの負担が増える、京都の街にネオンサインがなくなれば繁華街も衰退《すいたい》するというような反対論が強かったですね。

しかし、世界のどの歴史都市を見ても、落ち着いた伝統的な雰囲気のあるところの地価は、他の都市よりも高いのです。それに、ヨーロッパのどの主要都市にも、日本のようなデタラメな看板が上がっているところはないのですよ。規制によって看板自体がないところもある。広告業界は、挑戦しなければならない課題かもしれないということで、早い段階で賛成に回ってくれました。落ち着いていて面白い雰囲気の看板などを考案した結果、諸外国にも広まっているようですね。

京都市内に設定された三八ヵ所の「視点場」から、北山・東山・西山がしっかり見えるように建物の高さやデザインを規制する「眺望景観保全《ちょうぼう》」は、世界で初めてのことだと思います。関係職員は、前例のないことなので、連日徹夜して取り組みました。

過去の総括と未来への展望

——京都市と仏教会との関係は対立から協調へと転換しました。その総括をお願いします。（藤田）

桝本　有馬理事長以下、関係者の大いなる決断が京都の未来を切り開いたと思いますよ。バブルの時代は人間の醜悪《しゅうあく》な部分ばかりが前面に出たわけですが、知恵によって再生したのですね。

大いなる和解が京都再生の出発点でした。現在は「観光ビッグバンの時代」と言われていますが、私たちは「観光客五〇〇〇万人構想」を打ち出して、それを実現しました。非日常の世界を皆さんに楽しんでもらおうという大がかりな提案もできました。京都市と仏教会との歴史的な和解がなければ、「観光客五〇〇〇万人構想」も、新景観条例も成功しなかったのではないかと思います。

——最後に、未来の京都へのメッセージをお願いします。（藤田）

桝本　光り輝く京都をどのように作り出すのか。これは今日を生きる我々の歴史的使命であると思います。そのことが、大いなる和解の後に着々と進んでいる。夢とロマンを語るだけではなくて、現実に行われているのです。すばらしいことだと思いますね。

（平成二十七年十一月二十四日　京都市内ホテルロビーにて）

4　瀬川恒彦（せがわ・つねひこ）氏

昭和二十一年（一九四六）生。同四十四年（一九六九）朝日新聞社入社。同五十三年から同六十一年八月まで京都支局勤務。

新聞記者としてのスタンス

――まず、新聞記者としての経歴とスタンスについて教えて下さい。（藤田）

瀬川　昭和四十四年に大学を出て、朝日新聞社に入社しました。奈良支局、大津支局を経て京都支局に着任しました。京都支局では宗教担当や市役所担当を務めました。朝日新聞社は非常に緩やかな会社で、記者の数も多かったので、自分が思うように取材ができました。古都税の取材も、ほとんど自分の判断で行いました。

もともと新聞記者志望ではなかったのです。なかなか就職が決まらなくて、四回生の秋に朝日新聞社の地方採用試験があって、受けたら通ったのです。思いがけず新聞記者になり、ジャーナリズムについての意識はあまりなかったのですが、子供でも理解できる記事を書くことと不正をしないことは常に心がけていました。取材相手との駆け引きが苦手でした。思慮が浅く、プロとしての意識が欠落していましたね。

宗教そのものに当初から関心があったわけではありません。宗教担当になった時は東本願寺の内紛の真《ま》っ最中《さいちゅう》でした。京都で宗教の取材をしておりますと、残念ながら内紛関係の問題が主になります。それから、禅寺にもよく顔を出しました。高僧と言われる方が私のような若輩者に会ってくださり、そうしているうちに宗教への関心が高まりました。宗教関係の書籍はたくさん読みました。

古都税問題の始まり

――古都税問題が始まった時の雰囲気《ふんいき》は、どのようなものでしたか。(藤田)

瀬川　お答えする前に「おことわり」を。三〇年間の新聞記者生活の中で最も印象深い古都税問題ですが、細部の記憶はおぼろげです。事実と異なる記憶が混ざっているかも知れません。あらかじめご勘弁をお願いします。

京都市と寺が対立することは、普通は考えにくいことでした。古文協の藤田价浩さんが突っ走ったのも、それまで京都市と仲良くやってきたことがあったのだと思います。(昭和五十七年〈一九八二〉当時市仏教会の会長であった) 仁和寺の立部瑞祐さんに何度もお会いしたことがありましたが、穏やかな性格の方でした。ただ、立部さんのような人が反対すると、皆さんが反対の方向に固まっていくという雰囲気がありましたね。立部さんがトップであったから、まとまりが崩れずに結束していったという印象がありました。

――市仏教会が反対でまとまったのは、京都市が対象寺院を集めて説明会を行った時に、城守助役が強硬な姿勢をとったことが大きな理由であったと思うのですが。(藤田)

瀬川　亡くなった方に鞭《むち》を打つつもりはありませんが、城守さんの個性が寺を結束させた要因の一つだとは確かに思いますね。直情の人でしたから。

結論めいた話になりますが、文観税復活を提案する前に、ホテル税や入湯税《にゅうとうぜい》を検討するなど、他に方法があったのではないかと今でも思います。あのころ「ボタンの掛け違い」という譬《たと》えがよく出されましたが、掛け違いが分かっているのならば外せばよかったのですよ。

古都税訴訟と京都府民世論調査

――昭和五十九年三月の古都税訴訟判決についてはどのようにお考えですか。（藤田）

瀬川　庭園の一木一草《いちぼくいっそう》にも仏性《ぶっしょう》が宿っているので寺院拝観は宗教行為であるという言い方が、必ずしも市民の理解を得られているとは思いませんでした。しかし、古都税が正しい税だとは、当時も今も思っていません。当事者の理解を得ていない税金など絶対に制定すべきではありません。理解を一〇〇パーセント得ることは無理でしょうが、説得する努力がないと絶対にだめです。

――昭和六十年に入って古都税問題が本格化しますが、一月二十七日付の朝日新聞に京都府民世論調査という記事が載っていまして、古都税に反対が五〇パーセント、賛成が三六パーセントという結果が出ています。（藤田）

瀬川　この数字は解釈が難しいですね。記事に「興味深い結果となった」と書いてありますが、意外と受け止めるのか、当然と考えるのか、執筆した記者にも分からなかったのでしょう。反対が多数というのは、大雑把《おおざっぱ》に言えば税金に対する違和感があると思います。府民にとっては税金など作らない方がいいわけですから。賛成が三六パーセントというのも多いような気がしますね。古都税に賛成の人はお寺さんが嫌いなのでしょう。

――嫌いというのは、「広い境内を持って坊主丸儲《まるもう》けで、税金払《は》ろうてへんやないか」、「祇園《ぎおん》に行ったら坊さんばかり呑《の》んでいるやないか」というような、本山が多い京都の中で誤った風評が独り歩きした結果、植え付けられた印象ではないかと思いますが。（長澤）

瀬川　そうでしょうね、やっぱり。ただ、お坊さんが祇園に繰り出すのは、市民生活に溶け込んでいるという見方もできるのですけどね。

「あっせん者会議」への取材と今川市長の記者会見

――京都市と仏教会を調停するために設置された「あっせん者会議」についてはいかがお考えですか。（藤田）

瀬川　「あっせん者会議」の取材は難しかったですね。「あっせん者」がペラペラと新聞記者にしゃべっていたら斡旋できませんから。「あっせん者会議」のメンバーから言質《げんち》を引き出した記憶はありません。

「あっせん者会議」自体は否定すべきものではないでしょう。仏教会も「あっせん者会議」に期待をかけたところがあったと思います。京都市と仏教会双方が望みを託《たく》したのだけれども、うまくいかなかった。それで「あっせん者会議」は市役所寄りになっていったのでしょうね。

――今川市長は、西山社長に示唆されたこともあり、古都税実施予定日を二転三転させたのですが、そのことについてはどのように思われましたか。（藤田）

瀬川　新聞記者はみんな驚くだけですよ。私はある程度のことは取材していました。宇治市の宝《ほう》寿寺《じゅじ》で今川市長と西山さんが会ったという話も聞いていました。その話を今川市長にぶつけたら、市長は「そんなことはない」と仰いました。それで、内輪では今川市長のことを「嘘つきだ」と言ったりもしました。

今川市長はまじめな人でした。後に西山さんは「アホでまじめな奴ほど、あかん奴や」というような言い方をしましたが、そうやって振り回されている今川市長を見ていて気の毒でしたね。定例の記者会見でも、話がしどろもどろになってしまって。「また瀬川君が僕の前に座っている」と暗い顔をされていたと聞いたことがあります。私も記者会見には気が滅入《めい》りました。

西山社長と8・8和解の評価

——昭和六十年九月十七日付の朝日新聞に8・8和解についての解説記事がありまして、「揺れる仏教会（中略）従来から執行部に対しては『独走』の不満があり、西山氏の存在が不信を増大させた」と評価されているのですが。（藤田）

瀬川　西山さんが仏教会の知恵袋になったことについては何の問題もないと思います。いろいろな人に話を聞いて戦略戦術を練るのは当然のことで、非難されるべきものではありません。ただし、西山さんを中心とした仏教会の「若手四人組（清瀧師・安井師・佐分師・大西師）」には問題があったと思います。あまりにも秘密主義で、反対運動が一種のゲーム感覚になった気がするのです。

西山さんの存在が大っぴらになっていない段階で、私は西山さんとご自宅でお会いしています。あの時には、安井さんや大西さんもいらっしゃったのですが、西山さんが大西さんを呼び捨てにしたりして、そのような西山さんの態度がすごく嫌でした。学生運動の悪いセクトのような感じがしましたね。

『独走』の不満」を持ったというのは、鵜飼さんのことですね。彼は彼なりに真剣にやっていました。私は、鵜飼さんとお付き合いしていて、その当時は信頼関係があったと思うのですが、その彼が「もう付いていけん」と言い出したので、これは運動体としてどうなっていくのかなと逆に心配になりました。

学生運動というのは、より激しい方向に議論が引っ張られて純化していくのですが、傍《はた》から見ていると何か茶番みたいな感じになってしまう。高度に戦術的になってしまって、大きな戦略を見誤ったのではないかという気がしますね。やっぱり、傍から見ていて危うかったですよ。

８・８和解も不可解でした。私は内容をつかむために真夜中まで取材に走り回りました。有馬さんは和解の内容を知っていたと思うのですが、あの人の話は本当にとらえどころがありません。知っていて嘘を言っているのか、何も知らないで適当に言っているのか分かりませんでした。ワッハッハと呵呵大笑《かかたいしょう》されて、おしまいです。

当時、京都市も仏教会も内部が一枚岩ではありませんでした。内容が説明されないことで「闇取引」の印象は免《まぬが》れなかったのですが、それでも「大人の解決」であり、今から思えば、よくぞ和解にまで至ったなという感慨があります。

仏教会から離脱した寺院

――鵜飼事務局長の辞任以降、仏教会から離脱した寺院がありました。それらは東西両本願寺や知恩院などの檀家《だんか》に支えられた寺院であったわけですが、取材をしていて「拝観寺院のやること

やから関係あらへん」とか、お聞きになったことはありますか。（長澤）

瀬川　「関係あらへん」というよりも、運動体に対しての違和感があったのではないですか。東本願寺の場合は、内局はいろいろな改革を行っており、部落差別の問題も含めて社会問題について非常に関心はあるのです。しかし、古都税の問題に関しては距離を置いていましたね。

――東西両本願寺ならば、全国に一万ヵ寺以上ある末寺から上納される宗費で運営できるのだから、清水寺のような拝観寺院とは根本的に違いますよね。（長澤）

瀬川　それはそうですね。そのような下地もあって関心がなかったのですね。

二回目の拝観停止と清水寺大講堂での話し合い

――昭和六十年十二月からの二回目の拝観停止についてはどのようにお考えですか。（藤田）

瀬川　私個人は、拝観停止には反対でした。お寺の存在は、いわば社会的な存在ですよね。門を閉ざすことは言語道断だと思います。ゲーム感覚というか、拝観停止が戦術なのですよ。それについては、やはりよろしくありません。

――清水寺大講堂での話し合いについては取材をされましたか。（藤田）

瀬川　あの時は、新聞記者は清水寺の鉄柵の中に入れませんでした。入れてもいいのではないかと思いましたが。西山さん主導の運動の仕方は、最後まで新聞記者泣かせでした。西山さんはいろいろな知恵のある賢い人だとは思います。仏教会の財団法人化案は、なるほどと思わせるものでしたが、突き詰めていくと無理があってうまくいかない。次々に戦術を編み出したけれども、やはり京都市とお寺との信頼関係がないので、うまく話ができない感じがあったように思います。

電話交渉についての評価

――昭和六十二年に入って仏教会は電話交渉テープを公表します。今川市長「（古都税の実施と和解は）選挙終わってからじゃ駄目なんですか」、西山社長「市長が（選挙に）通る自信があるんでしたら、終わってからでもよろしい。（中略）拝観停止抱えたまま、市長、ほんまに選挙できるんですか」というやり取りが象徴的です。（藤田）

瀬川　今川市長は、このような交渉をすべきではなかったですね。秘密の話ですから、いろいろなことが出てくるでしょう。内容自体は、このような話があったのも当然だろうと思いますが。西山さんは仏教会の参謀ですから、京都市も助役など他の人間を出すべきでした。まあ、市長が善人だったのでしょうね。

――今川市長は西山社長との交渉の事実を当初は否定しましたが、録音テープが公表されてから肯定に転じました。（藤田）

瀬川　否定したのはよくないですよね。だから嘘つきになってしまう。今川さんの対応はまずかった。「政治家」ではなかったです。

古都税問題を振り返って

――昭和六十二年九月十六日に今川市長は古都税廃止を正式に表明します。翌十七日付の朝日新聞で次のような解説記事が出ています。「三者（京都市・市議会・仏教会）の責任の中で、無視できないのが、常に市民不在で事を進めた点である」。（藤田）

瀬川　そもそも京都市の税収を増やしたいというところから物事は始まったわけです。それならば、どうやったら増えるのだろうという知恵を出し合うべきだったのですが、それが吹っ飛んでしまって不毛な戦いが繰り広げられました。

ゲーム感覚になったら駄目だと思います。ゲーム感覚はオール・オア・ナッシングなので、どこかでうまく着地点を見付けるのではなくて、相手をやっつけるためのより高度な戦術を考えるわけですから。

「市民不在」というのも、よく分からない言い方です。市民が出て行って解決するような問題でもないように思います。「市民」というのは常套句《じょうとうく》ですね。新聞記事にはあまり常套句を使うべきではありません。「市民」とは一体何を指しているのか。市議会でしょうか。門前町でしょうか。

いずれにしても、新しい税金を作る時には、よほど慎重にやらないと駄目だということですね。最初に京都市と古文協が取った態度に問題がありました。あの時に、少し後戻りして考え直せばよかった。何か知恵が出てきたと思うのですが。

それから一般論ですが、人間は成長しない生き物だとつくづく思いました。いったん対立モードに入ってしまうと、極論が幅を利かせて泥沼化する。解決に至るまで時間がかかりすぎました。私自身にとっても反省点は多いです。熱くなりすぎて、記者会見などで今川市長に対して無礼な言い方をしたこともありました。痛恨の極《きわ》みです。

——京都市も仏教会も大変なエネルギーを費《つい》やしましたが、そこから得たものもあったのではないでしょうか。古都税問題が終わってから数年後に仏教会は景観問題に取り組みます。その活動が桝本市長時代の新景観条例につながるのですね。現在の京都市と仏教会は信頼関係で結ばれています。（長澤）

瀬川　京都はお寺がたくさんあるので、固定資産税収入が少ないと言いますが、何千万人という観光客が訪れるわけですから、その経済効果は凄いものですよね。だから、税収が少ないと短絡的に考えるのは間違いだと思います。

（平成二十七年十月十三日　京都市内ホテルロビーにて）

5　西山正彦（にしやま・まさひこ）氏

昭和二十一年（一九四六）生。旧「三協西山」元社長

古都税問題への関わりの発端

――古都税問題と関わることになった発端《ほったん》をお話し下さい。（藤田）

西山　岩倉にある寺の坊さんの推薦で、鵜飼さんと安井さんに会うことになったのです。それがきっかけでして、仏教会から依頼の儀式みたいなものはなかったですね。その時は特に理屈は考えていなかったのですよ。その後で、自分の背中にいっぱい荷物を背負わされたので考えるようになって、「坊さんが負けたらあかんやろ」と思った。京都市に入る金額が一年間にたったの一〇億円やから、そんなことで坊さんに税の取り立て人をやらせるのはよくないやろうという発想から始まったんやね。

鵜飼さんは、社会運動みたいなことがやりたくて、それでテレビに出る評論家のような有名人になろうとしていたね。僕は彼によく言われました。「仏教会の運動は会長―事務局長のラインで全てが決まる」と。安井さんは、鵜飼さんのような欲得はなくて、「行政と戦って勝つことが面白いやないか」と考えていた。

昭和六〇年以前から、僕は古都税問題に関わっていたと思います。（古都税訴訟のために）ドイツのウーレ（注1）を仏教会が呼ぼうとした時には、僕は安井さんに言ったのですよ。「そんなも

の呼んでも裁判で勝てるかい。日本の裁判所がドイツの学者の言葉を受けて判決を変えるわけないやろ。裁判権というのは国家のもっとも大きい権限の一つなんや」とね。世の中のことが分かっていないなと思ったね。もし、それをやるならば、ウーレの言葉を東大や京大の先生に言わせて裁判にもっていくものです。

日本には行政訴訟専門の弁護士がいないのです。なぜかと言えば需要がないからですわ。行政と裁判をしても、千に一つも勝つことがないから。行政法を勉強しても商売にならへんので専門家はいないのです。

――古都税問題に関わろうと思ったのは、利得が理由ではなく、面白そうだったからですか。（藤田）

西山　根本的にはそうですね。こんな大きな喧嘩《けんか》はなかなかないし。それに仏教会は圧倒的に不利でしたからね。仏教会が勝つと思った人は一〇〇人に一人もいなかったやろうし、一発逆転ホームランは面白いから。

利得など関係ないですよ。でも、世の中の人間は、清貧に甘んじることが一番いいと言うのに、その一方で人はお金で動くと理解するわけですよ。僕は考えました。仏教会が後ろ指をさされないような勝ち方を。僕は初めから勝つ自信はあったのです。仏教会の会議で、みんなが「不安や、不安や」と言うから、「それでも勝ちますさかい」と答えました。

今川市長との交渉

――西山さんは、8・8和解に向けて今川市長と交渉されたわけですが、どのような方法で今川

市長と接触されたのですか。（藤田）

西山　市長を僕につないでくれた人は、当時の建設局長でした。まず僕は、建設局長を説得しなければあかんわけですよ。説得できたら、今度は建築局長が僕のサイドに立って市長に話してくれるわけです。すると、市長も「じゃあ、会ってみよう」ということになる。「将を射んと欲すれば先ず馬《ま》を射よ」ということですよ。

——建設局長とは、仕事でつながりがあったのですか。（藤田）

西山　仕事とは全然関係ないですよ。古都税問題の時に関わった人で、仕事の関係者は誰一人いない。今になってから京都の人が言うわけです。「終わってから三〇年も経つんやけれど、社長が寺に何かをしたという話は聞かへんさかいに、ホンマに何もなかったんやな」と。

僕が自慢できることは何かと言ったら、古都税問題で一〇円のお金も使っていないということです。普通は何か人を説得する時には、お金を払って「これで口をきいてください」というような形になるけれど、僕は本当に論理だけで物を話したのです。

——昭和六十一年六月二十七日付の中外日報に西山さんのインタビューが掲載されていますが、今川市長についてこのように評されています。「悪意で無能ならば糾弾《きゅうだん》されて振るい落とされますわ。ところが、善意で無能な公人というのは非常に困るのです」。このことは直接市長に言ったのですか。（藤田）

西山　言いましたよ。

——そのような性格である今川市長との電話交渉でのやり取りは、かなり強烈な内容になってい

ますが。（藤田）

西山　それはニュアンスが違う。交渉の時に僕は市長に正直に言ったのです。「あなたが今の状況で彼我《ひが》の戦力を比較して、自分が勝てると思ったら全て蹴ってくれても結構です。だけど、負けると思ったら、私の条件を飲まなければ仕方ないでしょう」と。だましや隠しは何もしていません。

録音テープに入っていないところで、基本的に政治は妥協の産物だと僕は言ったのですよ。「あなたが、この問題について絶対的な自信があるのならばやればいいし、自分の首をかけるべきでしょう。自分の首をかけて選挙に落ちたら、他の仕事は何もできない。それでもいいと言うのならばやればいい。勝つと思ったら断ればよろしい。負けると思ったら妥協点を見付けないと仕方ないのと違いますか」と言ったのです。その後で、彼に「善意で無能」の話をしたのですよ。

大宮隆氏への思い

――西山さんは、今川市長との交渉内容を秘密にしたままで、「あっせん者会議」の大宮隆さんと和解に向けた話合いをされたわけですが。（藤田）

西山　大宮さんには申し訳ないことをしました。このことだけは、僕はいまだに悔いています。僕は大宮さんに隠しごとをしていた。嘘《うそ》を付いたのやないけれど、報告すべきことを伏せていました。本当のことを言えば、すぐに潰《つぶ》されますから。大宮さんは僕のことを気に入ってくれていましたし、すごく義理を欠きました。

写真15　観光関連業者と討議する清瀧常務理事（左）、有馬常務理事（中）、西山氏（右）

志納金方式の案出

――二回目の拝観停止を解決するために、西山さんは観光関連業者との話し合いで志納金方式を発案されました。これは商売人の立場として、拝観停止はよろしくないと考えたからですか。（藤田）

西山　商人の論理というよりも、戦争に入る時には絶対に出口を作っておかなければいけないということです。どれだけ続くのか分からへんのに「拝観停止して下さい」なんてことを言えるわけがないですよ。最後にはこうなるというグランドデザインを描かないなんて、そんな無責任な作戦参謀はいないですよ。それでは第二次世界大戦の日本軍と同じです。

門前業者には「お前ら、清水の舞台の柱に食いついとるヒルやないか。清水があってこそのお前らやないか。清水がなかったら、こんな山奥に誰が物を買いに来んねん」と言いました。寺が拝観者に人頭税を課すことは絶対にできない。もし、それを認めることになれば、この運動は全てが瓦解《がかい》して何も残らない。だから人頭税について妥協する可能性は全くない。寺が妥協する可能性がなければ、門前業者に対する理屈としては、「あんたらは寺に影響力は持てへんのやから、市民の一票で市を動かすしかない」ということになる。

――志納金方式は、解決案として最初から構想があったのですか。（藤田）

西山　志納金は、僕は法律的な整合性があるとは思っていない。法律的な裏づけを取ってはいない。

――それでは、苦し紛れに出された案なのですか。（藤田）

西山　苦し紛れではなくて、それはアイデアなのだから、志納金が駄目ならば第二志納金があるやろうし、第二志納金が駄目ならば第三志納金があるやろうということです。僕らは役所ではないのやから、法律的な整合性を持たせる必要はないでしょう。お寺という宗教法人が人頭税の取り立て人になるのを防ぐということが根本理念やないですか。

電話交渉テープの公表

――電話交渉テープの公表に西山さんは反対されたとのことですが。（藤田）

西山　反対というより、他に勝つ方法がないか探しました。市長は任期が切れたら終わりですし、もう関係ないわけです。銀行員が転勤で移っていくみたいなことです。そやけど、坊さんは定着しているやないですか。だから、戦う人がみんな撤退できるようにしなければならない。今まで拝観停止をしてくれた人たちに「後は適当にやってください」とは言えないでしょう。テープを取ったのは、退く時にも、他の時も使えると思ったからです。だけど、テープを使わなくても解決できる方法があったと思う。

――『古都税反対運動の軌跡と展望』には、西山さんが「市長との話し合いによる解決の可能性が完全に断たれるまでは、最後まで努力したい」（二三六頁）と仰ったと書かれてます。（藤田）

西山　今川さんが最後にできたことは、「この宗教都市京都において、これ以上仏教会側と行政側の間の溝を深くするのは好ましいと思わない。だから私はここで古都税を断念する」と表明することでした。今川さんにとっては、テープを出されるより、このやり方の方が絶対良かったと思います。

――テープが公表されたことについては、西山さんも最終的には承諾をされたので、仕方がなかったというご判断ですか。（藤田）

西山　それは、やはり決めるのは坊さんですから。テープを公表して絶対に負けるのやったら、それこそ僕はテープを隠してでも「出しまへん」と言って突っぱねるけれども、僕は負けはしないと思った。ただ、勝ち方としてよくないですよ。もうちょっと坊さんが度量を示して辛抱《しんぼう》してくれたら。

仏教会から身を退く

――三回目の拝観停止に入って、このあたりで落としどころを探ろうという時に、西山さんご自身は仏教会から身を退かれますね。（藤田）

西山　僕はもともと表に出てどうこうという立場とは違うから。まあ、いつ退いてもいいんやし。別に退こうが退くまいが、どちらでもいいことですよ。根本的なことは何かと言ったら、勝つことやから。

古都税問題と仏教・僧侶に思うこと

――先に紹介したインタビューでは、古都税問題のために商売に影響が出て、ものすごく損をしたということを述べておられます。そこまでの代償を支払って僧侶の代わりに古都税問題の前面に出て、世間の非難を一身に浴びたことについてはどのようにお考えですか。（藤田）

西山　僕はしんどいところだけを肩代わりしたのとは違う。いちばん楽しいところをやったのです。スポーツで白熱して戦った後で、表彰状をもらうことだけが自分の役割やったら何にも嬉しいことはあらへん。戦うのが面白いのですよ。ただ、千年以上の歴史がある寺で戦うのやから、勝ち負けだけでは済まない話がたくさんあったね。

――古都税問題の経過を踏まえて、西山さんが仏教や僧侶のあり方をどのように考えているかについてお話し下さい。（藤田）

西山　各宗教は自分の宗教だけが絶対に一番で、二番でもいいという宗教は存在しないわけやないですか。ユダヤ教でもキリスト教でもイスラム教でも戦争をしているけれども、僕はそれが宗教の本当の姿やと思う。宗教は心の問題で、ものすごい排他的やから。

ところが、日本の仏教は二番であることを恥じない形になっている。これは宗教ではないと僕は思う。仏教会はいろんな宗派をまとめている。みんな仲良く理事を出してやっている。そんなものは、本当は宗教としてあり得ないわけやないですか。宗教としてのダイナミズムを欠いているので、これからの生き残りはものすごく難しいと思う。だけど、それが無くなったら日本のよさはない。「まあ、それはそれでよろしいがな」というファジーさがいい。いろいろなものをくっつける役目ができることが日本の既存仏教に対する希望ですよ。

それからもう一つ。再び古都税問題のようなことが起きた時に、僕みたいな人間を利用しようなんて考えないことやね。なぜかと言えば、やっぱり鵜飼泉道のような人間が主流だからですよ。喧嘩するのが面白そうだなんて、そんな人間がいると考えるほうがおかしい。そんな人間、おらへん。おらへん。

（注１）ウーレ…シュパイエル行政大学のカール・ヘルマン・ウーレ教授。行政法が専門。

（平成二十七年七月十九日　札幌市内西山氏自宅にて）

6　田中博武（たなか・ひろむ）氏

昭和二十年（一九四五）生。有限会社岩月堂《がんげつどう》代表取締役社長。清水寺門前会会長。

仏教会への加入と若手僧侶との関わり

——まず、ご自身のプロフィールについて教えてください。（藤田）

田中　私は二五歳の時に田中の家に養子に来ました。土産物屋ですから、勤め人ではないということで、気楽に過ごしていました。

古都税問題が起きたのは昭和五十八年（一九八三）で、私が三八歳の時でした。高山市長の時に文観税がありまして、それを清水寺では貫主の大西良慶《おおにしりょうけい》和尚が筆頭になって反対されましたけれども、二〇円だった拝観料を四〇円にして文観税をお支払いしたという経緯がありました。

昭和五十八年二月十五日にその大西良慶和尚が亡くなられて、そのあとです。執事長の大西真興さんが鵜飼さんと安井さんに口説《くど》かれて仏教会に入った。それに引きずられて私も一緒に入ったのです。私と真興さんとは、お神酒徳利《みきとつくり》で昔からずっと機嫌よく遊んでいました。貫主さんが亡くなった時に真興さんは三四歳でした。

——西山社長を中心に、仏教会の実務面を担《にな》う若手僧侶のグループが昭和六十年ごろにできますが、田中さんもそのメンバーに加わったということですね。（藤田）

田中　真興さんと同じように、安井さんが西山社長を口説きました。同じような時期ですわ。それから、安井・佐分・鵜飼・西山・大西・私の六人が寄るようになった。これが仏教会の若手のコアの部分ですわ。

鵜飼さんが週に一回、事務局長として定例の記者会見をするようになったのですが、若手の会議で話したことを会見中に漏《も》らしてしまうので、だんだん鵜飼さんを外しだした。それで、西山社長の提言でもう少し人数が欲しいということになって、候補に挙がったのが広隆寺の清瀧さん、二尊院の羽生田《はにゅうだ》さんでした。その上には兄貴株として有馬さんがいはりました。村上慈海《むらかみじかい》長老が金閣寺の住職でおられて、村上さんと話ができるのは有馬さんしかいないということになって、相国寺代表みたいにして出てきはりました。その時、有馬さんは五〇歳でした。

これは後から聞いたのですが、清瀧さんは、仏教会に入るにあたってすごい決意をお持ちでした。先の文観税の時に最初に折れたのが広隆寺やったことが清瀧さんの頭にあって、「うちの親父は一番に折れよった。だから『覚書』を交わす羽目になった」と。だから清瀧さんは、「入ったら俺は命をかけんならん。絶対抜けられへん」と。

「俺は決心するのに時間かかったんや、親父も生きとるし」とも清瀧さんは仰いましたね。あの方は早くに貫主にならはった。親父さんは仁和寺から来た人でした。ところが、清瀧さんが四〇いくつの時にポンと貫主にしはって、うちは世襲するんやという姿勢を示さはった。だからいろんな思いがあって、清瀧さんの決意はたいへんなものやった。我々にはちょっと計り知れません。

――西山社長の印象についてお聞かせいただきたいのですが。（藤田）

田中　社長は達者な人でした。仏教会特別顧問か何かの肩書をもらって、自分の鎧《よろい》をちゃんと付けて、それでガンガン行きました。「俺が仏教会や」という顔で。ほんとうに色々な知恵を持っていましたね。真興さんは社長といつも一緒に行動していました。

一回目の拝観停止

――昭和六十年七月下旬からの一回目の拝観停止に対する世間の反応はどうでしたか。（藤田）

田中　その前に、祇園祭の期間、七月十五日から十七日まで、試験的に銀閣寺で拝観停止を行いました。清水寺で試みるには影響が大きすぎるし。その時に銀閣寺の荒木元悦執事長が「うちやったらええぞ」ということになって。

それで世間の様子が変わりました。それまでは旅館も、タクシーも、観光関連業界も、みんな古都税に賛成していました。「坊さん払うたらええやんけ」という感覚で。私も「お前、ひとりで坊主のところに入って何してんねん」という顔で世間から見られていた。やっぱり世間の反応は坊さんに対して批判的でして、そんな目が私に向いていました。

それが、「田中さん、これからどうなんねん」と反応が変わったのですね。寺が門を閉めた途端に、みんな見事に手のひらを返した。京都市内の世相が変わりました。それで若手の会議もすごく勢いがついた。

二回目の拝観停止と清水寺の内紛

――昭和六十年十二月からの二回目の拝観停止についてはどうでしたか。（藤田）

田中　これはえらいこっちゃと思いました。十二月は暇なのですけどね。ところが正月が飛びましたからね。正月はやっぱり稼ぎ時ですから。
当時の観光は大したことなかったのですよ。今みたいに人がたくさんくることはなかった。我々は日にち商売で、テキ屋みたいなものでした。今日あかんかったからといって、明日取り返せませんから。そうなると、もう採算が立たないようになってくるわけです。
——二回目の拝観停止が始まった直後に、清水寺の松本大圓貫主が突然拝観停止をやめると主張されますが。（藤田）
田中　十二月三日になって、「門を閉めるのは嫌や」と言わはったのですね。それで、「分かりました。そう仰るのでしたら手を上げましょう。その代わりに記者会見を開いて下さい」と言ったのですが、大圓さんは姿をくらまさはったのですね。
——その後、清水寺は内紛になりますね。（藤田）
田中　貫主の解任は五年に一回の一山総代会での投票で決まります。だから、どちらの主張も宙に浮いたままでしたね。やっぱり任期のあるものは強いですわ。その五年目の任期は古都税が終わってから来ました。それで投票をしたのですが、大圓さんは落ちたのですね。自分が総代を任命するのだから、自分に投票する人を総代にしたらいいのですが、それをしなかったのが不思議でしかたないですね。
——拝観停止が長引いて、経営難におちいる土産物屋が続出しました。（藤田）
田中　「売上あらへんさかいに、これで倒産やな」とか、よく言いました。「店員さんの首切るわ」みたいな話が出てくるわけですよ。私は怒りました。「お前は車持ってるやろ、先に売れ。

自分の身を先に売れ。店員切るのは最後やろ」と。

死ぬ人が出たらあかんというので、仏教会でお金を用意していました。財団法人にするためのお金やったのですけどね。結局死人は出ませんでしたが。

「古都税をなくす会」と志納金方式

——昭和六十一年三月の清水寺大講堂での話し合いの様子はどうでしたか。（藤田）

田中　話し合いでは西山社長に仏教会特別顧問という肩書をつけて、有馬さんがしゃべらしたのですね。西山社長は「これは背に腹は代えられへんのや」、業者は「お寺も大変やなあ。そやけどこっちも大変やしなあ」ということばかりで、何も話はまとまりません。そこで西山社長が提案したのが、いわゆる志納金袋でした。

「何でもええさかい、一回やろかい」ということになって、それで「古都税をなくす会」ができました。同時に、志納金袋を配る受け皿として清水寺門前会を作ったのです。それが発端で、今年で三〇年目ですね。

——「古都税をなくす会」の活動は大変だったでしょう。（藤田）

田中　三月三十日には志納金方式をやっていたわけですよ。志納金袋は茶封筒に「志納金」と印刷しなければあきません。それをこっちで揃《そろ》えなければあきません。だから、私がお金を集めました。エムケイ（株式会社）の青木会長が、「五条通にうちの事務所があるさかい、そこを使ってくれたらええわ」と言わはって、その事務所に封筒を運び込みました。全部私の一存ですよ。組織ばったものは何もなかったですから。

志納金袋を配るだけのために、自分で二、三軒店を開きました。門前にテントを張って志納金袋を配りました。「開いてるみたいやで」「入れるみたいやで」ということで人が来はったのですが、志納金袋には見事に一〇円玉しか入っていませんでした。
二尊院前のタクシー止めに「岩月堂嵯峨野店」を開いたのですね。カメラのフィルムと飲み物だけ置いて、あとは袋を配っていました。広隆寺の場合は、門前の料理屋に袋を預けて「これ、渡してくれ」と。そういうことを私が全部やりました。だから大変でした。持ち出しばかりで。誰かが交通費をくれるわけでもないし、ガソリン代をくれるわけでもないし。お金だけは湯水のように要るから、とにかくお金を集めて。一週間か一〇日か、無茶苦茶でしたわ。

三回目の拝観停止と古都税問題の収拾

――昭和六十一年七月からの三回目の拝観停止についてお聞かせ下さい。（藤田）

田中　拝観停止に入ったのは六ヵ寺で、清水寺は内紛で無理でした。志納金方式をそのまま続けたのです。寺は執事長以下で動いていたから、ものすごくイレギュラーでしたよ。

――古都税廃止の際に、田中さんは市議会にいろいろと働きかけられたとのことですが。（藤田）

田中　観光協会副会長の西村源一《にしむらげんいち》さんから、「仏教会で返事ができる人を連れてきてくれ、わしは市議会の長老を連れていくので収めよう」という話が来ました。それで、私は広隆寺の清瀧さんと銀閣寺の荒木さんを連れて、向こうは江羅寿夫《えらひさお》さんと木下弥一郎《きのしたやいちろう》さん、その二人を連れてきはりました。
京都市内のホテルで寄り合ったのです。木下さんは「敗戦処理に来た」と言わはった。「これはやったぁ。勝った」と思いました。それで「敗戦処理ってどういうことですか」というところから話が始まった。古都税廃止は市長提言やから、市議会の承認で決まりますよね。だから一回市長が提言して、市議会の承認で廃案にしなければならないわけです。「ここの段取りを踏まならんから、市長に提言をさせます」という話が来るわけですよ。「年度末の三月には必ず廃案に持っていく」と言わはった。

一年八ヵ月、条例を一応施行した。この間の拝観者の古都税を払ってくれということになりました。木下さんが、「協力金であろうと何であろうと結構。うちは勝手に古都税として処理させてもらいます」と言わはって、それで事は収まったんです。

その後の清水寺門前会

――古都税廃止後の清水寺門前会の活動についてご紹介下さい。（藤田）

田中　勝ったような形で古都税を廃案に追い込んで、「ありえへんことが起こってしもた。ちょっと襟《えり》を正さなあかん」ということで仏教会が始めたのが、大墨蹟《ぼくせき》展（注1）と採燈大護摩《さいとうだいごま》供《く》（注2）と音舞台（注3）でした。花灯路も始めましたよね。

門前会が始めたのは、清水寺夜間拝観。平安建都《けんと》一二〇〇年の平成四年（一九九二）春に初めて三日間行い、今年で二五年目になります。寺も人手がないから、うちの嫁さんが女手を引き連れてお茶出しをしましたよ。

平成十二年（二〇〇〇）には青龍会《せいりゅうえ》（注4）を始めました。これは私の夢やったのですけどね、竜を出すっていうのが。清水寺には音羽《おとわ》の滝がありまして、地主神社《じしゅじんじゃ》の天井に竜が描いてあって、夜な夜な滝の水を竜が飲んで里人を驚かしたという故事があるのですね。それは面白いなと思って。清水は東山で、京都の中心から見たら「青龍」の位置にあるから青龍会なのですよ。「長崎くんち」の竜を参考にするために、何度も長崎に行って竜を作りました。

古都税問題への思いと清水寺門前会の未来

――古都税問題全体を振り返って、どのようにお考えですか。（藤田）

田中　どうでしたって言われると、不謹慎は分かってんねんけど、楽しかった。あの時に覚えたことや、普通であれば会えない人に会うたことや、いろいろなことが基礎になっていて、今の私があるのです。

そらぁ、寺を相手にいい思いをしてるのやろうと、いくらでもお金が入ってくるやないかと、世間はそう見ますわ。その中傷がすごかった。昭和五十八年に私の車にだけ電話を付けました。あの当時、電話が付いていたのは西山社長と私の車だけです。私、どれだけ新聞記者に電話を貸したか。新聞記者は電話を持ってませんもん。ポケットベルしかない時代ですよ。電話代が年間一〇〇万円以上かかりました。全部私持ちですよ。持ち出しばかりで、身代《しんだい》が傾くほどお金が要りました。でも、それが今日の私を形成してくれたのだから。有馬さんも、皆さんも、私を大事にしてくれはります。ありがたいことです。

門前町は寺だけで食っているやないかとか言われますけどね。なぜ寺だけで食うということが恥ずかしいのですかね。清水は、寺・坂・我が家なのですよ。寺だけが繁栄してもどうしようもない。私らは坊さんじゃありませんから。坂だけが繁栄してもあきません。我が家も繁栄せなあかんのです。寺・坂・我が家は最後まで運命共同体なのです。寺も、坂も、自分のところもちゃんとしていなければならない。それが我々の最低限の守りごとですよ。あとは好きにしたらいいのです。

七味屋《しちみ》（清水寺門前の西端の土産物屋）から清水寺に向かって東へ行く人は参拝客ですよ。参拝が終わって帰ってくる人が観光客です。七味屋から東へ向いていく参拝客に、「杖貸します」、「荷物預かります」と言って人質を取るような商売をするなと、寺から帰ってくる人に正々堂々と商売せえと、私はいつも言っているのですよ。

（注1）大墨蹟展…文化交流・社会福祉を趣旨とし、全国を巡回して開催している展観。

（注2）採燈大護摩供…八月十六日の五山の送り火に慶讃《けいさん》し、総勢五十名に及ぶ聖護院門跡本山《ほんざん》修験宗《しゅげんしゅう》の山伏や京都仏教会の僧侶らが出仕して、家内安全・無病息災の祈願や亡き方々の追善のために行われている行事。

（注3）音舞台…京都とその近辺の名刹に「舞台」を設け、「東洋と西洋の出会い」をテーマに開催されている音楽企画。平成元年（一九八九）の「金閣寺音舞台」から始まっている。

（注4）青龍会…清水寺本尊の開帳を記念して始まった行事。装束に身を包んだ一行と青龍が、清水寺境内を練《ね》り歩く。

（平成二十七年九月二十五日　京都仏教会事務所にて）

7　鵜飼泉道（うかい・せんどう）師

昭和二十三年（一九四八）生。極楽寺住職。元京都仏教会事務局長。

仏教会事務局員就任までの経緯

――まず、ご経歴について教えて下さい。（藤田）

鵜飼　私は、京都府田辺町（現京田辺市）に所在する寺の子供として生まれました。しかし、僧侶になる気は毛頭なく、洛陽《らくよう》工業高校の電気科卒業ということもあって、普通のサラリーマンになりました。仕事も人間関係も良好だったのですが、もう少し自由な生き方があるのではないかと思って辞めまして、極楽寺を継《つ》いだのです。自由を求めて僧侶になったというのが本心ですね。

仏教会に入ったのは三〇歳ぐらいの時です。当時の府・市仏教会の会長が極楽寺の属する浄《じょう》土《ど》宗《しゅう》西山深草《せいざんふかくさ》派の管長で、事務局に人が必要だということで、私のところに話が来たのです。当時の府・市仏教会は、花まつりなどを行う親睦《しんぼく》団体であるのと同時に、行政がいろいろな文書を寺々に通達する時に経由させる地域的な団体でした。

古都税問題の勃発と古文協藤田价浩師

――古都税の問題に入ります。京都市は、昭和五十七年（一九八二）七月頃から、賛成の立場であった古文協を通じて拝観寺院に説得工作を行います。（藤田）

鵜飼　文観税復活について京都市が古文協を窓口にしたことは、京都市にとっては自然な流れですね。なぜならば、古文協自体が文観税・文保税の実施に伴って作られた団体ですから。過去の税と関わりの深い団体を窓口にして同種の税金問題の話を持ち込むのは当然だと思います。

当時、実質的に古文協を運営していた著名な拝観寺院の親睦会である「六親会《ろくしんかい》」（注1）という団体がありました。藤田价浩師は「六親会」に対して根回しをすることで文観税復活の合意を取り付けようとしたのですね。このような組織に根回しを行うことは自由ですが、そこで意思決定をしてしまうのはおかしな話です。このあたりに、スタートのつまずきがあったのではないかと思います。基本的なルールミスを犯したのですよ。

それから、当時すでに苔寺《こけでら》（西芳寺）は非拝観寺院でした。藤田師は、すったもんだの挙《あ》げ句《く》に苔寺を閉鎖しているのです。そのような理由で、藤田師に対して一定の批判があったことも事実です。

――文観税・文保税の時には反対運動の急先鋒《きゅうせんぽう》で、「覚書」に署名捺印までした藤田師が、なぜ文観税復活に賛成したのでしょうか。（藤田）

鵜飼　推測の域を出ない話ですが、往々にして人間にはありうることではないですか。行政と対立した場合、その事件が終わった後で、逆に行政機関と親しくなるということは世の中によくあるパターンだと思います。反対していた人が、いつの間にやら体制派になっていたということでしょう。

社会的知名度や経済力が上がれば、人間は奢《おご》りを持ちます。私は藤田師と大きな争いをしているので、私が言うと客観性がないかもしれませんが、古文協そのものに奢りを感じましたね。

反対に転じた市仏教会

——三千院の大島亮準師が動いたこともあり、市仏教会は文観税復活に反対することになります。八月二日には、聖護院で市仏教会の文観税対策会議が開かれています。（藤田）

鵜飼　この間の動きは非常に速いのです。だいたい、坊さんの動きなんて世の中に比べて遅いものですが、このように短期間で動いたということは、寺の行動としては異例だったと思います。

大島師には何が何でも反対するんだという強い意識があり、古文協が賛成した中で、組織としては市仏教会に頼るしかなかったのでしょう。それから、私自身に「この問題は尋常じゃない」という直感があったのです。単なる税金問題ではなくて、社会に対する大きな問題提起になるのではないかと思ったのですね。そして、私自身がこの問題にのめり込んでいくわけですが、具体的に問題の中身が何であるかは、この時点では私にも自覚できていませんでした。

対象寺院への説明会と京都市の失敗

——八月以降に京都市も動きまして、市仏教会との公式会議や対象寺院への説明会が開催されますが、完全に平行線で終わります。（藤田）

鵜飼　今でも行政の事業執行の本質は変わっていないと思うのですが、行政は一度物事を提案すると、原則的にはそのまま進めます。その後で行うことは、物事を実現するための環境づくりです。環境づくりの中で一番大きなものが対象寺院への説明会だったのではないかと思うのですが、この説明会が大紛糾《だいふんきゅう》したのです。

私には出席資格はありませんので一傍聴人《いちぼうちょうにん》として参加しました。面白いのが、傍聴人にもう一人、常寂光寺の長尾憲彰師（注2）もいましたね。京都市は一応説明するのですが、終了のところで松本大圓師が「本日流会《りゅうかい》」という重要な発言をするのです。「流会」ですから説明会は不成立です。説明を終了したと記録に載せられなくなりました。その後の流れを変える重要な発言だったと思います。一般的に、あの手の席において、大声で「本日流会」と言える人はいませんよ。

しかも、ここで京都市は重ねて大失敗をしました。その日の京都新聞夕刊に「古都税成立、実行」の記事が出てしまったのです。夕刊の記事なんて、遅くとも昼の一時頃には出校していなければいけません。そんなもの、説明会の前に書けるわけがない。一週間も二週間も前からできていた記事ですよ。行政としては、説明会が終わったら成立だという流れを作ろうとしたのです。ここに行政の誤りがあったと思います。

これは説明会という形式だけで成り立つ問題ではなかったのですよ。しかも、「本日流会」なんて言う、とんでもない坊さんがいたわけです。京都市にとっては想定外です。流会したものが成立などという記事になってしまえば、問題がどちらを向くか分からないと思っていた出席者までが、おかしいと感じ出しますよね。

今川・立部トップ会談

――十月十八日に、当時の市仏教会会長であった立部瑞祐師と今川市長とのトップ会談が行われます。市仏教会には、このトップ会談で問題を解決する意思があったとされていますが。（藤田）

鵜飼　問題になるのは、「解決する意思」とは一体何なのかということですね。行政にとっては古都税の成立ということです。市仏教会の論理では廃案ですよ。だから、「解決する意思」という言葉を、どちらの側から見るのかということですよ。

元々折り合う話ではなかったのです。だから私は、この会談はやるべきではなかったと思います。今川市長は会談後に激怒したらしいのです。政治の感覚では、トップ会談をしたら成立ですからね。しかも、この時報道機関の方々は、「解決」という言葉を行政サイドで捉えたのですね。客観性を持たず、先入観で動いたのです。古都税問題が本質を外れて複雑化していく要因の一つがトップ会談にあったと思うのです。

臨時市議会での条例即決

——昭和五十八年に入って、臨時市議会は古都税条例案を即決で可決します。（藤田）

鵜飼　行政が物事をごり押しする時の常套《じょうとう》手段ですね。これこそが議会軽視ですよ。市長の焦《あせ》りと奢りの両方が混在していたのです。この時、私は城守助役や原理財局長と激しい議論を繰り返していました。テレビカメラが入る中でも論争をしていました。向こうは「古都税をやりたい」の一点張りです。私は策を弄《ろう》するなと主張しました。策の最たるものが審議抜き可決ですよ。

これは余談なのですが、古都税問題が終わった後、城守さんが市長選に出た時に、私は応援演説に行きました。古都税のころはお互いの立場で必死だったのですが、個人の身分になると意外と仲良くなれるのです。原局長も極楽寺の檀家です。原さんが亡くなった時には私が葬式を行いました。参列した城守さんは「鵜飼さん、とにかく丁寧に早く弔《とむら》ってやってくれ」と言ったのです。すよ。

お互いに立場と思想で争ったのです。個人に恨みつらみはありません。このような問題が起こると往々にして個人の人格を批判したりしますが、それは関係ない話です。問題は古都税です。

「市民協議会」と対象寺院への説得

――人間関係の玄妙《げんみょう》さを感じさせるお話ですね。条例案が可決されてからは、京都市は「市民協議会」を結成して古都税キャンペーンを展開します。(藤田)

鵜飼　「市民協議会」は茶番劇《ちゃばんげき》でした。そのメンバーは行政関係団体を中心とする京都市特有の自治組織を核とした、言うなれば御用機関ですから。当時は冗談半分、本気半分で言いました。「世の中、税金にはまず反対だ。税金に賛成するのは全て官製《かんせい》団体だ」と。私も「市民協議会」とは面談しましたけれど、ひどい時には四〇人ぐらいが仏教会の狭い事務所に押しかけてきました。観光公害がどうのこうのと言って。このようなものを組織するというのは、焦った京都市の大失態でしょうね。もっと正面から自らの税の論理と必要性を主張すればいいのです。変化球ばかり投げてくるから、話が本題からドンドン外れてしまうのです。

――市仏教会も対象寺院の説得をしたわけですが、反応はいかがでしたか。(藤田)

鵜飼　説得と言うよりも、話し合いを続けていました。反応は、割と「はい、はい」と理解を得ていきました。仏教会の主張への理解は進んでいましたが、京都市と仏教会の双方が対象寺院を訪ねるわけです。訪問を受けるほうは、とりあえず面談した相手に対しては、柔らかく対応を取りますよ。京都市はこの柔らかい対応が読めなかったようですね。市仏教会は、古都税訴訟の第《だい》一審《いっしん》で敗訴《はいそ》して大阪高裁に控訴《こうそ》しますが、それに加わったのは二六ヵ寺で、これは京都市が予想していた数字よりもはるかに多かったのです。対象寺院は京都市より説得された時に、「おかしいことはおかしい」とはっきり言わず、にこやかに話をするから、京都市も都合がいいように解釈したのですね。だから、余計に双方が本筋から離れた感情論を戦わすことになったのですよ。

古都税訴訟判決が持つ意味

——古都税訴訟判決についてはどのようにお考えですか。（藤田）

鵜飼　古都税問題は、基本的には諸刃《もろは》の剣《つるぎ》でした。寺がこの問題に手を染めれば、自分自身の身を削っていくことになるのです。それは古都税問題が、江戸時代以来の約四〇〇年間にわたって僧侶が怠惰《たいだ》な生活を送ってきたことのツケだからです。

本来、寺院や僧侶が社会に対して提供すべきものがあったはずなのです。しかし、それが忘れ去られてしまい、寺で行われていることは経営を中心に置いた活動となってしまった。拝観料も社会からは入場料としか見られなくなったので、「そこにちょっとだけ上乗せしてくれ。お前の懐《ふところ》からお金を持っていかないから」と行政は発想したのです。

私はこの言葉が嫌いなのですが、事実かは別として「祇園で石を投げたら坊さんに当たる」とか言われているでしょう。織田信長《おだのぶなが》が比叡山《ひえいざん》を焼き討ちした時に、女・子どもが逃げ惑ったという記録が残っているわけですよ。僧侶の怠惰さには長い歴史があるのです。しかし、宗教や僧侶に対して人々が期待するものを提供できていれば、寺はいい意味での治外法権であったはずなのです。

この点が、古都税問題のもっとも辛いところです。寺は、原則論、建前論で古都税に反対せざるを得なかった。実態論で反対すれば、私は紛争に理は無いと思いました。

――建前論を展開したとのことですが、拝観を商行為と評価されてしまうことは、寺を維持している僧侶にとっては本音の部分でも受け入れがたいところがあるのではないでしょうか。（藤田）

鵜飼　もちろん、拝観が単なる文化財鑑賞行為だという評価にも辛い部分はあります。しかし、現実を見れば、寺の経営と拝観料とはリンクしているでしょう。そのあたりの問題を僧侶は整理してこなかったのですよ。

拝観料が悪いとまでは言いませんよ。しかし、拝観料に乗っかりすぎているのではないでしょうか。寺を修理しなければならないから、ちょっと値上げしようなどという安易な発想を持ってしまうのは問題でしょう。

――古都税問題に関わり始める時に感じた「この問題は尋常じゃない」という直感は、僧侶が自己批判してこなかったという問題と関係しているのですね。（藤田）

鵜飼　市仏教会が最初に動き出した段階では、申し訳ないけれど、大島師にも松本師にも僧侶の自己批判という意識はなかったと思います。もっと直感的に、この税はおかしいと考えたのではないでしょうか。しかし、私の意識の中には「この問題に関わったら、寺院側も傷を負《お》うことになる」という思いが、何となく存在していたのです。

写真16　拝観停止を記者会見で表明する鵜飼師（左から２人目）

拝観停止の問題点

——昭和六十年に入って古都税問題は本格化します。今川市長の決意表明に対抗して、市仏教会は拝観停止を決定しますが、方針を決めた経緯を教えてください。（藤田）

鵜飼　それ以前に、雑談の範囲内で拝観停止の話はしていたのです。私と松本師、大島師、天龍寺の田原師らとの間で。

　拝観停止が正しいことなのかどうかは、私には理論的な迷いがありました。拝観は宗教行為だということを我々は主張したわけです。そうすると、拝観停止をするのは宗教行為を止めるということになる。だから、あくまでも拝観停止は運動のテクニックですよね。運動方針としての価値はあるのですが、宗教に基づく行為であるかということを考えた時に整合性《せいごうせい》があるかどうか。私は、今でも問題があると思いますね。
　拝観停止を予定した二四ヵ寺の間では、「これでいいのかな」という微妙な空気と戸惑《とまど》いが流れていました。拝観停止をすれば、先ほど言った諸刃の剣とは別の意味で、金銭的な傷を負いますから、それに耐えられるのかという問題になりますよね。拝観受付をしている人も含めて、現実に拝観料で生活している人がいるわけですから、これは重たい決断でした。

自治相の条例許可凍結とその影響

――前年の七月に京都市が自治相へ提出した古都税条例の許可申請について、一月二十五日に仏教会の幹部は自治省を訪《おとず》れ、古屋自治相に不許可を陳情します。（藤田）
鵜飼　古屋大臣との会談から、政治とは何かということを教えられました。この陳情は、大臣面談という事前通知は一切なしで行ったのですが、いきなり秘書に先導《せんどう》されて大臣の部屋へ行くことになったのです。大臣に会うと、その場で「私は判を押しません」と。一番慌《あわ》てたのは担当の局長です。「ちょっと大臣、待ってください」との発言がありました。まさに政治家の政治判断でした。
――三月八日には、二年ぶりに京都市と市仏教会との会談が行われるのですが、冒頭で大島師が声明文を読み上げて退席し、破談となります。（藤田）
鵜飼　京都市との話し合い自体が早すぎたと思います。会議室で机を囲んでやるような話ではないですよね。もっと水面下で詰めてから公式の会議へもっていかなければならなかったのです。

京都市は無茶苦茶に焦っていたのです。古屋大臣の発言の後ですから。仏教会も、実は次に打つ手はなくなっていました。政治的手段によって大臣の判は止めたのだから、仏教会は政治的に勝ったのです。めったにないことが起きたわけで、普通ならばこれで妥協《だきょう》ですよ。行政の側はそのように物事を持ってきたのです。しかし、仏教会は絶対反対ですからね。このようなテーブルに着くこと自体がおかしかったのです。

西山社長についての評価

――三月十六日に鵜飼さんは記者会見をされていまして、拝観停止を京都市長選がらみにしたことについて記者から追及され、いつもの歯切れの良さがなかったという記録が残っています。この方針に納得していなかったということですね。（藤田）

鵜飼　市仏教会も私自身も古都税に反対しているのであって、なにも京都市と仲が悪いわけでもないし、京都市行政を牛耳《ぎゅうじ》りたいわけでもないのです。自分の意思と違うことを言葉にするのですから、歯切れが悪いのは当たり前です。

――拝観停止と市長選を関連させたのは西山社長の戦略でした。西山社長との関わりの始まりをお話しいただきたいのですが。（藤田）

鵜飼　具体的には、昭和六〇年に入ってからです。安井さんと私が上京《かみきょう》にあった寺の移転に関わる相談のために、土地問題の情報を求めた僧侶から西山氏を紹介されたのです。仏教会の仕事かプライベートかよく分からない部分で彼が出てきたというのがスタートです。

――西山社長に対しての印象をお聞かせ下さい。（藤田）

鵜飼　時代の中で土地を動かしていたブローカーでしょうね。世の中が土地で浮かれていたバブルの時代ですから、あのような人物は当然いるわけです。信頼する、しないというよりも、一業者として私は彼と会いました。

彼にしてみたら、人生の中でとんでもなく面白い事件にぶつかったのだと思います。清水寺の貫主であったり、京都市長であったり、会うことすらありえない人々と接触する機会を見出した。その中で、彼自身が一種のゲームを始めたのです。京都市と仏教会と両方を手のひらに乗せれば絵が描けると。リクルート事件と同じですよ。一介《いっかい》の実業家だった人が、会社を成長させてお金が動かせるようになると、政治家とも絡《から》みができる。そして自分で政治の絵を描こうとする。結果としておかしくなってしまったのですね。

彼を動かしていたのは、偽《いつわ》りのステータス感の中で生まれる欲などの、人間の持つ性《さが》なのではないでしょうか。結局は失敗するのですが、それでも彼は一定の絵を描くことはできたのです。それは事件経過の事実として認めざるを得ない。いいとか、悪いとか、評価の問題は別ですが。

さらに言えば、彼にとって一番邪魔な存在は鵜飼だったわけですね。私は運動の方向性を提示する立場にあったわけですから。自分の手のひらに両方のコマを置くから双方を操《あやつ》れるのであって、もう一人の人間がコマを持っていればゲームは成立しない。このようなことが西山氏と私の関係ではないでしょうか。

――四月一日に、府・市仏教会が統合して京都仏教会が発足《ほっそく》します。そこで鵜飼さんは事務局長に就任されますが、報道機関との接触が頻繁《ひんぱん》であったので若手僧侶のメンバーから外されたとさ

れています。（藤田）

鵜飼　ジャーナリストとの接触が多いからという理由は西山氏の主張ですけれども、それは表向きの言葉であって、絵を描くのは一人でないと駄目だという彼の思いが根底にあったと思います。

8・8和解とは何だったのか

——8・8和解の前提となる今川市長と西山社長の電話交渉については、どのようにお考えですか。（藤田）

鵜飼　これこそゲームですね。寺に対しては拝観停止という行為によって先の見えない不安感と経済の両面で締《し》め上げていくわけです。その一方で、今川市長に対しては拝観停止という言葉で政治生命を追い詰めていくわけですよ。両方を追い詰めていって、どこかで結びつけるということです。

——お話を伺っていて率直《そっちょく》に思うのですが、ゲームという言葉で表現するには、あまりにも行為によって引き起こされた影響が甚大《じんだい》すぎたのではないでしょうか。（藤田）

鵜飼　まさにその通りですよ。影響が大きいというのは結果の話で、ゲームをしている人間には関係ありません。むしろ自分がやっているゲームは、影響が大きければ大きいほど面白いのです。こんな楽しいゲームはないでしょう。言葉は悪いのですが、京都市長と清水寺を手玉にとって動かすのですよ。

8・8和解について言えば、西山氏が彼なりに必死になって考えた結果ですね。そして、あの独特のしゃべりで、寺サイドも行政サイドも自分のテリトリーの中に入れたのでしょう。両方とも追い詰められて西山氏のコマになってしまったのです。行政サイドの今川市長は、所詮《しょせん》は市長職を得たいという個人の私欲で動いたのですよ。市長の肩書きは京都市行政、さらには市民のためにあるのであって、そこに大きな過ちを犯したのです。寺サイドは、自分たちが何をしたらよいのか分からなくなり、運動面でも経済面でも先の見えない中で、こうすれば助かるのかなという光のようなものを感じたのではないかなと思います。

仏教会事務局長を辞任

――8・8和解の後に鵜飼さんは事務局長を辞任されたわけですが、その時のお気持ちをお聞かせ下さい。（藤田）

鵜飼　無念といえば大変無念です。大きな挫折《ざせつ》を感じました。しかし、私の存在というのは、あくまでも建前論として、旗頭《はたがしら》として必要だったのですよ。先ほど諸刃の剣の話をしましたが、私が正論を言えば言うほど、寺に傷がつくことは分かっていました。それでも私は正論を言い続けたのです。そのことによって寺のあり方が少しでも是正《ぜせい》されれば、私が僧侶になった時に求めていた本来の自由が獲得されていたはずなのです。

寺も僧侶も宗教的自由がなくなり、経済と社会の流れに縛《しば》られていたのです。そして、社会に提供しなければならない宗教的本質を忘れていた。そのことを、私は古都税問題から認識したのです。しかし、それが単なる政治の道具、さらにゲームの道具になってしまった。それならば私の存在は必要ないわけですから、辞任したのです。

事務局全員が、私と行動を共にして辞任しました。これは人間の信頼関係によるものですよ。当時の仏教会の理事たちには、この信頼関係は見えていなかったでしょう。驚いたと思います。人間というものは、そのような関わりの中で生きているのですね。

古都税問題の総括

――仏教は、自由というものと関連していると思います。物事を絶対視《ぜったいし》せずに、相対的に捉《とら》えることが仏教思想ですから。そのような考え方を大事にして、社会に対して何をなすべきかということを僧侶自身が考えなければならないということが古都税問題の本質でしょうか。（藤田）

鵜飼　そうですね。8・8和解は衝撃的でしたが、行政としても仏教会としてもやるべきことではなかったのです。この手の本質論のぶつかり合いには、妥協《だきょう》というものはあり得ないですよ。

後々の歴史の流れの中で寺の必要がなくなれば、税金をかけろという圧力が高まってくるでしょう。それに対抗できるだけの理論や実践を我々が持っているかどうかですよ。そうでないものは社会的に潰れます。そこまで問い詰めるべき問題を、西山正彦という人物がゲームとして扱ってしまい、行政関係者や寺院がそれに乗ってしまったので、わけの分からない結論が出てしまったのです。一見《いっけん》すれば問題解決ですが、結果的には全ての問題を積み残した。そして三〇年が経過して、一体どれだけのものが解決されたのでしょうか。それが今、問われているのだと思います。

（注1）六親会…清水寺・鹿苑寺・慈照寺・妙法院・西芳寺・龍安寺《りょうあんじ》で組織されていた。

（注2）長尾憲彰…京都大学文学部卒業。龍谷大学助教授や花園大学教授を歴任した。京都市の

空き缶条例制定運動を主導し、平和・女性運動などに取り組んだ。

（平成二十七年九月十五日　極楽寺〈京都市中京区・鵜飼師自坊〉にて）

8　五十嵐隆明（いがらし・りゅうみょう）師

昭和八年（一九三三）生。総合老人福祉施設社会福祉法人同和園理事長。総本山永観堂禅林寺第八八世法主。浄土宗西山禅林寺派元管長。養福寺名誉住職。

「みかえり阿弥陀像」と観光への取り組み

――法主《ほっす》を務められた永観堂禅林寺《えいかんどうぜんりんじ》は、平安時代前期の貞観《じょうがん》五年（八六三）創建であり、宗派は浄土宗西山禅林寺派です。平安時代後期の第七世住職である永観律師《ようかんりつし》の名にちなみ、永観堂と通称されました。本尊の「みかえり阿弥陀像」と秋の紅葉で著名な寺院です。（藤田）

五十嵐　禅林寺は、創建当初は真言宗寺院でした。奈良東大寺の別当《べっとう》であった永観律師が住職になられたことで、念仏を主とする浄土系の教えが入ったのです。

永観律師は、一日に六万遍《ろくまんぺん》の念仏を唱えたと言われています。念仏を唱えながら本尊である阿弥陀仏の御堂《みどう》の周囲をぐるぐる回る念仏行道《ねんぶつぎょうどう》という修行もなさいました。ある日、永観律師が行道をしていた時に、いつしか阿弥陀仏が壇から降りられて永観律師とともに歩かれたといいます。阿弥陀仏は、呆然《ぼうぜん》とする永観律師を振り返って「永観遅し」と励まされた。このエピソードが「みかえり阿弥陀像」の由来なのです。

「みかえり阿弥陀像」が左を振り返っておられるのは、慈悲を表しているといいます。阿弥陀仏の信仰は「南無阿弥陀仏《なむあみだぶつ》」とお願いすれば直《ただ》ちに救済するということですが、正面の人だけではなくて、その周辺の落ちこぼれた人びとも救う。つまり、左を向いているということは、あらゆる人を救済するということを象徴しているのです。

このような念仏信仰と観光を結びつけるために、東京・京都・奈良の国立博物館に寄託してある国宝・重文クラスの寺宝を持ち帰り展観を行うことなどを長年取り組んできました。夜間拝観を始めたのは永観堂が初めてです。関西電力から提案があって、レーザービームを夜の京都市街に放《はな》つことをやったのですね。それが大変な反響でした。一躍《いちやく》全国的に有名になりました。古舘《ふるたち》伊知郎《いちろう》さんが、平成十一年（一九九九）十二月三十一日に、禅林寺で企画した「お経」の話の後で、年末カウントダウンをされました。そのような外部からのイベントもたくさんやりました。

古都税問題の発生と城守助役

――古都税の話に入ります。古都税問題が始まった時の状況をどのようにお考えですか。（藤田）

五十嵐　今川市長が市議会で文観税復活を表明したのが古都税問題の発端《ほったん》ですが、その時のキーマンは城守昌二助役です。

私は個人的に城守さんをよく知っていました。ある会合のスピーチで城守さんは、「京都市は社寺が広い境内地を持っているので固定資産税収入が少ない。だから、社寺から税を吸い上げることを考えなきゃいかん。それが私の持論だ」と言い出したのですね。それから自分の部下に拝観寺院を回らせて拝観者数を調べたのですよ。拝観者数の多いところを絞ってやったら税収がどれくらいになるのかという基本的データをまとめて、先に画策していたのです。

――城守助役の強気な姿勢が寺院を硬化させてしまい、それが後々まで影響したかとは思います

が。（藤田）

五十嵐　京都市の要職には、いわゆる天下《あまくだ》りで中央から来る人が多いでしょう。今川さんも天下りですよ。古都税問題の間に理財局長も三人変わっているはずです。東京から出向してきて右も左も分からない理財局長は、そろばんを弾《はじ》いているぐらいなんですよ。市政の担当者で京都に精通していたのは、元教育長で土着《どちゃく》の城守さんだけだったのです。

城守さんは広範な人脈を持っていました。四条大宮にあった浄土宗寺院の住職で教育長を勤めた大橋俊有《おおはししゅんゆう》氏は、部落解放の理論提唱者であり、京都文教大学の学長にもなった人物ですが、この人は城守さんの大先輩なのです。大橋氏の人脈で、一時代、寺の住職がたくさん京都市に就職し、各区役所の福祉担当部署に入りました。そのような大橋氏の人脈を城守さんは引き継いだのです。

だから、寺というものを個別に当たっていけば何とかなるという過信があった。仏教会の結束の固さを甘く見たのですね。

古都税問題における禅林寺の動き

――昭和五十八年（一九八三）一月の臨時市議会による古都税条例即決から、同五十九年までの様々な動きの中で、禅林寺がどのような立ち位置であったかを教えてください。（藤田）

五十嵐　禅林寺は大変に保守的で、私一人が浮き上がった状態でした。古都税に反対していた寺院の中でも、途中から協力する寺院が出てきます。禅林寺もそうなのですね。それが、城守さんをはじめとする京都市幹部の「これならばいける」という読みにつながったのだと思います。私は個人の立場でいろいろな人と接触をしていました。その一部が城守助役であり、後の髙木壽一副市長でした。

禅林寺の宗議会《しゅうぎかい》は、地方の末寺が中心でしたから、あまり興味もなかったはずです。この問題では教団全体として特定の方向へ行こうということではなくて、それぞれが個々に考えていたということでしょうね。

――昭和六十年に入って今川市長が古都税実施の決意表明をしますが、それに対抗して拝観停止を決めた二四ヵ寺に禅林寺は加わっています。（藤田）

五十嵐　この段階では、私は内局に入っていなかったので当事者ではないのですが、とりあえずは他の寺院と共同歩調を取ったのだと思います。

――三月六日の禅林寺派宗議会で「いたずらに市仏教会に追随《ついずい》すべきでない」という内容の緊急動議がありまして、当時の井上俊久《いのうえしゅんきゅう》宗務総長は「永観堂は拝観停止しない」と表明しました。（藤田）

五十嵐　宗派決議である以上は、それを尊重するというのが原則になります。この時点で覆《くつがえ》すことはできないでしょうね。

――禅林寺は、拝観停止を撤回するけれども古都税は払わないという意向を表明します。最終的に、拝観料の中から京都市に「協力金」を支払って、それを京都市は古都税収入として受け取るということになりました。（藤田）

五十嵐　この時には、私は教学部長でした。古都税を完全拒否するということではなくて、少し和《やわ》らげる形で、「協力金」ということを打ち出したのです。

――8・8和解以降、仏教会とは袂《たもと》を分かって別の動きをした寺院があったわけですが、そちらの立場に立たざるを得なかったお気持ちをお聞かせ願えませんか。（藤田）

五十嵐　全面協力ではないけれども京都市に屈服《くつぷく》してもいけないという、いわゆる玉虫色《たまむしいろ》の大義《たいぎ》名分《めいぶん》を立てる方向で進んだということですよ。展望が見出せない切羽詰《せつぱつ》まった状況に置かれたことがありますよね。仏教会の古都税絶対反対と、宗派としての賛成との狭間《はざま》にあって、心情としては仏教会に協力したい。そういう複雑な心境であったということです。

古都税問題解決に向けた五十嵐私案

――昭和六十年十二月に二回目の拝観停止が始まりますが、その最中の翌六十一年三月に、禅林寺派教学部長として「市の外郭《がいかく》団体としての第三者機関を設立して税の徴収を行わせる」という問題解決への私案をまとめられました。（藤田）

五十嵐　このような提案をしたことは事実ですが、具体的にはコメントできないですね。二回目の拝観停止の時に清水寺で内部紛糾が起きました。私は清水寺の大西良慶和上《わじょう》が創設された同《どう》和園《わえん》という老人福祉施設の理事長を務めておりました。古都税問題は解決の方法を見出さなければいけませんが、一方で同和園と関わりの深い清水寺が混乱を起こしているわけですから、問題解決に踏み込みがたい部分があったのです。

ただ、一つだけ言えることは、私は、この提案をした後に、京都市は必ず収拾に向かうだろうという予感をしていたことです。古都税問題が起こる以前に、私が住職を務める養福寺《ようふくじ》を京阪電鉄三条駅周辺から移転させるという問題が発生しました。京阪電鉄の地下化のために、私の寺を撤去してくれと京都市が言ってきたのです。

　私は反対運動を立ち上げて、都市の再開発を考えるというシンポジウムを京都会館の会議室でやりました。小さな都心の寺院であっても、その空間というのは市民の憩《いこ》いの場なのであり、地価が高いからといって土地を売却して、寺を郊外に移転させることは基本的に間違っているというのが私の持論でした。その時に、私の寺の檀家であった京都経済同友会代表幹事の河野卓男《こうのたくお》さんを交えて、当時助役であった今川さんといろいろお話をしたのです。

　古都税問題が始まってからも、今川市長とよく会ったのですよ。今川さんは、「城守君はボタンの掛け違いで突っ走ってしまった。私とは距離があった」と言うのですね。だから、問題の収拾方法について私が今川さんに質問すると、「一定の期間をおいて、大義名分を立てて収拾したい」と言ったのです。それならば、解決案などを出して物事を和らげておいて、強硬な姿勢の寺院も振り上げた拳《こぶし》を下ろせるような状況を作りたいと考えたのです。

京都府仏教連合会の評価

——昭和六十二年九月に、仏教会から脱退した市中寺院が京都府仏教連合会を設立しますが、この動きについてはいかがお考えですか。（藤田）

五十嵐　小規模な市中寺院は、「金があるなら、古都税を払ったらええのやないか」という、税の徴収の本質論より単純に考えての発言が支配的でした。小さな寺の存在意義を無視されては困るということで集まったのが連合会ですが、今では京都市とタイアップした仏教会の活躍のほうが目覚《めざま》しいですね。和合の精神で、仏教会と連合会は再び一緒になった方が望ましいと思っていいます。

京都市政と仏教会

――古都税問題全体を振り返って、お考えをお聞かせ下さい。（藤田）

五十嵐　今までは、部落解放運動や市職員労働組合の力が強い時代でした。さらに、天下りの官僚を幹部に受け入れていたこともあって、京都市の組織には脆弱《ぜいじゃく》な部分がたくさんあったのです。京都市は昔から本当にやりにくいところなのですが、うまく市政を運営してゆくには、情報公開を推し進めるとともに、「白足袋族《しろたびぞく》」と仲良くしなければならないということです。「白足袋族」とは、白足袋を履《は》いて働いている人たち、すなわち、神社仏閣の神主・僧侶、西陣などの着物の関係者、茶道・華道の家元、祇園などの花街《かがい》のお茶屋さんと、これらに関わる業界のことです。もちろん「白足袋族」だけでは駄目ですが、伝統文化を守る町衆をはじめとした市民との交流の場を京都市は拡げていかなければならないのです。そのために仏教会が、京都市との意思疎通を欠くことなく、いろいろな形で事業を行っていただきたいと思っています。

（平成二十七年十一月二日　養福寺〈京都市左京区・五十嵐師自坊〉にて）

9　大西真興（おおにし・しんこう）師

昭和二十四年（一九四九）生。清水寺執事長。北法相宗宗務長。清水寺塔頭成就院住職。京都仏教会理事。

清水寺の特徴と大西良慶師

――最初に、清水寺の特徴についてお伺いします。清水寺は、開創が奈良時代末の宝亀《ほうき》九年（七七八）、西国三三観音霊場一六番札所で、本尊の十一面千手観音立像と「清水の舞台」で著名な拝観寺院の中心的存在です。清水寺のみで一宗派を構成し、檀家はないと伺っています（藤田）

大西　お寺には、祈願を中心とする寺と、檀家があって廻向《えこう》を主体とする寺がありますよね。その区別は、善《よ》し悪《あ》しじゃなくて、寺のできた因縁や時代によるわけですよ。清水寺ができたころは、檀家のお世話をするというような風習が日本にはまだなかったのです。

清水寺は、京都の名所として、観音様のお寺として、多くの人々の信仰を集めました。京都の町衆もたくさんお参りに来てくれましたし、「京見物・伊勢参り」で、「京都に寄ればやっぱり清水へ参ってきたよ」というような、昔からそういう場所でした。さらに、みなさんが最も手を合わせやすい観音さんがご本尊であり、そういった因縁で時代に応じて歩んできたのです。

過去に一〇回火災にあって、一一回目に再建した建物が今残っているわけです。最後の再建は、江戸幕府三代将軍徳川家光《とくがわいえみつ》が大旦那でした。火事で燃えた時には時の氏神《うじがみ》が現れ、町衆や、いろいろな人たちのおかげで今日があるのです。

「今日は親父の何回忌やから」ということで参拝するのではなく、自分で清水へ行こうと思う人が参拝してくれるわけでして、それは今も昔も同じなのです。

――お寺を護持されていくうえで、どんな点が難しいでしょうか。(藤田)

大西　うちは建物が多いのです。例えば重文であるとか、国宝のものもある。紆余曲折《うよきょくせつ》を経て今日があるのだから、それをお預かりしている我々としては、次の時代へ無事に引き継いでいきたい。象徴、あるいは信仰の対象として。

塔頭の数も人数も多い寺やないので、できるだけみんなが同じ思いを持って、風通し良く、公明正大でないとあかんと思っています。それに、うちは門前町と一体ですしね。お寺が繁盛《はんじょう》すれば門前も繁盛する。お寺だけがよくて門前が寂《さび》れたのでは具合が悪いですね。

――清水寺の教義教学という点を考えると、観音信仰が大きな柱だと思うのですが、もう一本の柱として大西良慶師(注1)の存在があると思います。亡くなって三三年が経ちますが、独特の大和弁で分かりやすく心の問題を説かれました。(藤田)

大西　うちは特定の檀家がない寺やから、(明治初年の)廃仏毀釈《はいぶつきしやく》(注2)の影響が直撃したわけです。でもやっぱり、京都の町衆にとって清水寺は大事なお寺であって、再興させたいと考えたのですね。そういう大きな仕事をするには旗が必要なのであって、それで見渡したら興福寺《こうふくじ》に大西良慶という一つ抜きん出た坊さんがいると。あの人にお願いしようということで(清水寺を)兼務することになったのです。先代(良慶師)が来た時分は、雨が降ったら傘をさして廊下を歩いたというからね。お金もない。何もない。ないないづくしだったそうです。それで、人さえ集まるところであれば、どこへでも先代はお説法に行った。もちろん地方も含めてね。今日の種を数多く播《ま》いていただいたと感じています。

面白いことがあってね。夏は暁天講座《ぎょうてん》（注3）で先代は全国を廻るのですよ。我々は最終列車で（岐阜県の）大垣駅まで行く。先代も（滞在先から）大垣駅まで出てくる。大垣駅のホームで、先代の頭をバリカンで散髪して、着替えを渡して、我々は始発で京都へ帰ってくる。先代は次の目的地へ行くと。そういうことが五年、一〇年という単位で続きました。

――良慶師は、大正年間に晋山《しんざん》されてから清水寺を象徴する存在で、そのことは亡くなった後も生き続けたと思うのですが。（藤田）

大西　先代が清水に晋山してから始めた八月一日からの盂蘭盆《うらぼん》法話は、今年で一〇〇回目を迎えます。そういう良きことが伝承されているわけですよ。近代清水寺の中興の祖ですね。

古都税問題の発生

――古都税の問題に入ります。大西さんが古都税に関わることになった経緯について教えて下さい。（藤田）

大西　昭和五十八年（一九八三）二月十五日に先代が亡くなって、その時私は三三歳でした。松本大圓さんが次の住職になり、私は執事長に就任したのです。それで古都税問題に関わるようになりました。

――良慶師は、古都税問題についてどのように仰いましたか。（藤田）

大西　それは非常にシンプルでして、（文観税の時に「覚書」で）今後いかなる名目においても（類似の税を）二度と行いませんと約束をしたやないですか。約束を守らないとは人間の根幹の問題としていかがなものか、ということですね。

――良慶師が亡くなられた後、その遺志を受け継いで、山内の皆さんが古都税反対の決意を固めたという経緯があったかと思いますが。（藤田）

大西　松本さんは、先代が生きていた頃から絶対反対派やったわけです。住職の立場になってからは反対の先頭を走りました。私は文観税のことを知りませんし、古都税問題の発端も詳しい経緯は知りません。執事長という立場になったので、住職をサポートするような仕事として、仏教会に関わることが多くなってきたのです。

西山社長について

――昭和六十年に入ってから西山社長が仏教会の活動に加わります。西山社長についてお聞かせください。（藤田）

大西　西山社長は、自分が表に出ることをなるべく避けるスタンスでした。それが、影のフィクサー的な人として、（マスコミに）すっぱ抜かれてしまって。社長はその時にずいぶん迷ったのですが、もう仕方ないということで表へ出てきたのです。

社長が誰かと交渉してくると、みんなに報告しなきゃあきませんよね。自分が二回同じことをしゃべるのが面倒くさいので、私を連れていくのです。私は「今日は何時から何時まで誰と誰に会うてきました。話はここまで終わりました」ということを説明するのです。その後で、真意や目的を社長が解説していました。

社長のことで私が凄いと思ったのは合理的なところでした。社長がした話で印象深かったものがありましてね。土地の境界が問題でもめた時には、どちらかの主張をとるのではなく、真ん中をとるべきだと。双方言い分があるけれども、どこかに落とし所があるものやから、それを合理的に詰めていくべきだと。そういう発想の人やから、脅《おど》したりとか、脅かされたりとかは無かったですね

社長には和尚にない発想があるわけですよ。例えば、仏教会を財団にして拝観料の徴収を代行する。だからお寺は税の取り立て人にならない。行政には入るべきものが入るのであって、お寺も自分の立場を守れるのやからいいやないですかというような発想。和尚の世界は狭いやないですか。考え方の幅も狭いし、知っていることも狭いし。そういう意味で幅が全く違うわけですよ。

――そもそも、西山社長が古都税問題に関わる積極的な気持ちを持つことができた理由は何なのでしょうか。（藤田）

大西　面白かったからだと思いますよ。昔、安井さんが言っていたことですが、社長の家に行って本棚を見たら、歴史書であるとか戦略書であるとか、そういう類《たぐい》の本がずらっと並んでいたと。思想家や戦略家のような頭の回路が社長の中にはあったのですよ。古都税問題は、そこそこの大きな喧嘩やったわけでしょう。その中で、本当に自分の思想と戦略が正しいのかを試してみたかった。それは、失うものが多かったのかもしれないけれど、それでも社長が自分の人生を振

り返った時に、今の生活と比べて当時がどうだったのかを考えると、面白かったという思いに至るのやないでしょうか。

今川・西山交渉の実態

——西山社長は、昭和六十年三月下旬に宇治の宝寿寺で今川市長と会談を行います。そこで、仏教会の拝観停止宣言は脅しではなく本気であることを市長に伝えます。直接面談する渡りを付けたうえで、最初に率直なことを言って市長の動揺を誘い、主導権を握る交渉術はかなりものだと思いますが。（藤田）

大西　いろいろなルートを手繰《たぐ》って市長までたどり着くわけやからね。関係ないような顔をしていたとしても、西山社長の一面を評価していた人が、たくさんいたということやないですか。社長がいい加減な人やったら、話をつないだりしませんよ。事態の打開のために役割を果たせる男やという評価があったのと違いますか。社長の横にいると、私らみたいに世間のことをさほど知らずに育った人間にとっては、ほぉーっと思うようなセンセーショナルなことがありましたよ。

今川市長が市役所の中で聞いていたことは、やっぱり報告している人の思いも入るから、正確に聞こえていない部分があったでしょうね。それに仏教会だって、実際にたくさん落ちた寺があったやないですか。「そんなもん、みな落ちまっせ。一、二ヵ寺は残るかもしれんけど、最終的には全滅でっせ」というようなことを聞かされていて、社長から「寺は本気で、京都は大変なことになりますよ。古都税の収入と、ダメージと、どちらを行政の長として取るべきですか。市長が思うておられるより、もっと怖い部分がありますよ」と言われれば、動揺しますよね。

――その後、西山社長は今川市長と様々なやり取りをするわけですが、どのように信頼関係を作り上げたのでしょうか。（藤田）

大西　一〇〇回会っても信頼関係が生まれない場合もあれば、三回会ったら生まれてくる場合もある。会った回数の問題ではありませんよ。事態を打開しようと市長は市長の立場で必死に模索《もさく》していたと私は感じました。それで、「自分の面目も立ち、京都市の面目も立ち、仏教会も矛《ほこ》を収めてくれるような落としどころを考えてくれ」と社長に頼ってしまった一面が市長にあって、その気持ちが信頼関係のようなものに変化したのと違いますか。

――西山社長は、古都税の徴収開始を市長選の前にするよう今川市長を説得します。それで市長は考え方を変えて、七月十日に古都税を実施する腹を固めてしまう。その交渉についてはどのようにお考えですか。（藤田）

大西　社長が古都税実施の時期を動かすように市長を説得したのは、こういう問題はぬるい鉄板の上では解決しないと考えたからやないですか。鉄板を熱うて熱うて立っていられないようにしてね。行政も踊り、お寺も踊り、そうなってやっと決断できると。社長の合理的な考えであり、戦略やったのと違いますか。

松本大圓師の変心と清水寺の内紛

――「あっせん者会議」が8・8和解の内容を骨抜きにする修正案を出してきたときに、西山社長は修正案を受け入れるべきだと主張されましたが、その意図については？（藤田）

大西　物事の収め方として、「こんなところでっせ。世の中は」というような部分があったのと違いますか。

――西山社長は妥協を主張されましたが、松本理事長は断固戦うという方針で、十一月二十六日に記者会見をして8・8和解の約定書を公表します。そして、十二月三日になって、突然拝観停止をやめると松本理事長は言い出すのです。この経過は釈然《しゃくぜん》としないのですが。(藤田)

大西　みんな釈然としなかった。それで私は、「あなたは大将なんやから、あなたが逃げたいなら、兵を先に逃がさなあかん。大将がしんがりを務めて退くというのならば、みなさんに大変ご迷惑をおかけするけれども、少しは私たちにも寄れる道がある」と言ったのやけれども、松本さんは「もう何も関係ない、とにかく今すぐに」と言って。半狂乱みたいな感じでしたね。

――記者会見の写真では胸を張っておられますが、内面ではプレッシャーに負けてしまっていたのかなとも思いますが。(藤田)

大西　矢面に立つというのは、柳のようにしなる人間はいいけれど、松本さんの性格は柳やないからね。ガラスの器のように脆《もろ》かった。でも、自分ではそのように考えていなかったと思う。記者会見の時にはまだ気力があったのと違いますか。ある日一日で、ガラッと変わった。「そんなことしたら、あなた死にますよ」と誰かに言われたとか、そういうことがあったのでしょう。

逆に言えば惜しいと思いますよ。あれで粘り切っていたら、「京都に松本大圓あり」というようなことになっていたやろうし。

――清水寺は、その後内紛になります。(藤田)

大西　清水は、どこの寺よりも血を流したのと違いますか。もう戦争やからね。事務所の取り合いをするわけやから。みんなが交代で事務所に布団を持ってきて寝るような状態でした。事務所を取られたらあかんから。事務所を取られて鍵を変えられたら、私らは入れへんからね。宗教法人法は、あくまで宗教法人の独自性を尊重するために非常に緩やかな規則になっていて、その寺の寺院規則を重んじているけれど、古い寺院規則には詳細な規定は書いていないわけですよ。

志納金方式の実際

——昭和六十一年三月に清水寺大講堂で行われた観光関連業者との話し合いについて教えて下さい。（藤田）

大西　エムケイの青木さんの意見で、解決策が出るまで話し合おうよ、何時までの予定ですということやなくて、お互いにこれならば飲めるというものが出るまでやろうよと、そういう内容でした。

——志納金方式での拝観は、実際のところはいかがでしたか。（藤田）

大西　そらぁ手間はかかるよ。封筒を作らなあかんし、開封もしなければあかん。でも、お寺も追いつめられていて、しんどかったやろうし。門前も、とりあえず寺を閉めているというイメージは解消されるし。手間暇のことよりも、みんなの気持ちとしては楽やったのと違いますか。

和尚なんて、こういう経験をしたこともないから、よほどの人間でないと耐えられませんよ。例えば、蓮華寺さんやったら住職が決心すれば済むけれども、山内で複数の和尚を抱えているところは、思いに濃淡が出てくることがあるやろうし。時間がたてば濃淡の差がはっきりしてくるやないですか。

――三ヵ月間の志納金方式が終わって、三回目の拝観停止に突入しますが、その時の状況はどのようなものでしたか。（藤田）

大西　その頃は、うちは内紛になっていたから。松本さんが仏教会から離れたがって逃げていて、それで首を取りにいったのやから。よそ様のことが気になりながらも、うちのことで手いっぱいで。最後まで残った六ヵ寺は、よく耐えきったと思いますよ。

京都市に与えた打撃

――昭和六十二年十一月に京都市と仏教会は和解しますが、それに至る経緯についてはどのようにお考えですか。（藤田）

大西　これだけの寺が門を閉めたら、京都全体の寺が閉まっているようなイメージが走ってね。京都へ来る人がぐんと減ったわけですよ。京都市も財政的に無理だということになったのでしょう。

――古都税の税収として予定されていたのは一〇億円ですが、増収分がかすんでしまうような大打撃を京都市は受けました。（藤田）

大西　西山社長がこういう表現をしたのですよ。「京都市内の拝観社寺の総収入は八〇億円ぐらいで、波及効果として京都に落ちるお金はその一〇〇倍か、それ以上やろう。お寺の門を閉めたらそれだけのお金が止まる。そんな戦いに負けるはずがないんや」、「これだけ解決に時間がかかったのは、お寺がポロポロと落ちたり、フラフラした結果なんや」と。「俺は前から来る弾《たま》に当たったことはない。後ろから来る弾に何発か打たれた」という話を社長はしていましたね。

古都税問題と仏教会への思い

――古都税問題を総括すると、結論としてどのようなことが言えますか。（藤田）

大西　今後一〇〇年、二〇〇年の展望があれば、寺は寺であり続けることができる。寺が寺でなくなったら、いつか必ず滅びるということです。

――古都税問題が終わった後で、景観問題を経て、稲盛和夫さんの仲介で京都市と仏教会は最終的に和解します。その時のことについて教えて下さい。（長澤）

大西　稲盛さんは、京都のためになると言って仲介を受けて下さいました。交渉の場所は世界中のどこでもいいと。指定の場所へいつでも行くと仰いました。「それには及びません。私が参ります」と言ったら、「銀閣寺の近所にある京セラのゲストハウスに来てくれ」ということで会いに行ったのです。私が非常に印象深かったのは、「大西でございます。今日はお時間を頂戴《ちょうだい》しましてありがとうございます」と頭を下げるやないですか。長いこと下げたつもりで、「もうええやろ」と思って頭を上げた時に、稲盛さんはまだ頭を下げていたのですよ。それで私は、「ああ、今日の勝負はもうついた。負けた」と思いましたね。どれだけ重い荷物を持たされるのか分からないけれども、もうここで勝負はついたなと個人的には思いました。

――仏教会での活動全体を振り返って、お考えのことをお話し下さい。（長澤）

大西　皆さんがそれぞれ血を流したのやろうけど、清水は、古都税問題で仏教会の側に立った結果、内紛まで起こったのやから、流した血は大きいですわ。自らの責任において通るべき道を通ったのかもしれませんけど。いまだに仏教会の役をいただけるということは、松本さんは無茶をしたけれども、残りの者が一致結束して仏教会について、できるだけの役割を果たせたからやと思っています。

仏教会のメンバーは、誰ひとり欠けてもうまくいかなかったと思います。やっぱりお上《かみ》（東伏見会長）がいらっしゃって、有馬理事長がいて、清瀧さん、安井さん、佐分さんがいて、という思いが強くあります。このつながりがあったからこそ、古都税問題を乗り切れたのだということを、次の世代の和尚さん方に分かっていただいて、それぞれのお寺で力を発揮してほしいと思いますね。

（注1）大西良慶…明治八年（一八七五）生。法隆寺の佐伯定胤《さえきじょういん》から唯識学《ゆいしき》を学ぶ。同三十二年（一八九九）に興福寺住職。同三十七年に法相宗《ほっそうしゅう》管長。大正三年（一九一四）から一〇七歳で没する昭和五十八年（一九八三）まで清水寺貫主を務めた。昭和四十年（一九六五）には法相宗から独立して北法相宗を設立する。唯識学に対しての深い造詣に基づいた「心の法話」は、老若男女を問わず、幅広く人々に受け入れられた。真興師は良慶師の子息。

（注2）廃仏毀釈…寺院を破壊し、僧侶を排斥《はいせき》する運動。明治元年（一八六八）に新政府が神仏分離令を施行したことをきっかけとして、全国各地の寺院が破壊された。

（注3）暁天講座…京都の各宗派本山などで夏の早朝に僧侶や著名人を講師として開催される講座。良慶師の盂蘭盆法話がその始まりと言われている。

（平成二十七年九月二十九日　清水寺寺務所にて）

10　安井攸爾（やすい・ゆうじ）師

昭和十六年（一九四一）生。蓮華寺住職。京都仏教会理事。

蓮華寺住職として

――蓮華寺は、江戸時代の寛文《かんぶん》二年（一六六二）に加賀藩《かがはん》の家老であった今枝近義《いまえだちかよし》が父の菩提《ぼだい》を弔《とむら》うために再興した寺院です。宗派は天台宗、石川丈山《いしかわじょうざん》作の池泉廻遊《ちせんかいゆう》式庭園と秋の紅葉で有名です。（藤田）

安井　大名の家臣が私財で建てた蓮華寺は、京都市内にある天台宗の門跡寺院と同じで、檀家を持っていなかった。建てられた当初は寺領からの収入で維持されていたわけですね。そのような寺なので、存立の基盤として、できるだけ高い文化性を持つ必要があった。文化性というのは、仏像が安置されて、経典が備えられていて、庭園が取り囲むという三つの要素によって構成されるのです。これは、京都の文化的背景の基本であるとも僕は認識しているのですよ。このような寺の住職は、三つの要素をよりよい状態で維持しなければならないということやね。

蓮華寺のような寺は、あくまで国家にとっての宗教的な象徴という意味を持っていたわけですよ。相国寺などの大きな寺と同じやね。だから、世間のどなたからお布施をいただいてもいいということになる。その理屈は、江戸時代に持っていた寺領が明治の廃仏毀釈などで全部なくなってしまって、観光寺院になった現在においても成り立つわけですよ。

観光寺院を経営するということは、それ相応の決断が要るのですよ。蓮華寺が拝観を始めたきっかけは、五〇年ほど前に個人タクシーの運転手がやってきて、「大原へ行く道中が長いので、途中で一ヵ所、観光客を立ち寄らせる場所がないか探していたのだけれども、こんな寺があるなんて知らなかった。寺を開放してほしい」と言ったことでした。蓮華寺は、それまでは地図にも出ていない寺だったのでね。その当時の個人タクシーは、顧客をできるだけ奥深いところへ連れていきたいと模索していたわけやな。

それで親父と相談して、やってみようということになりました。とりあえず玄関で拝観料をいただいて、タクシーの運転手には寺側の人間として客を案内してもらう。我々だけで案内ができるわけないですからね。運転手には、この寺のことを知ってもらうための研修会を開いた。そういう形で、とりあえず始めたのやね。それが実にうまくいって、タクシーの間では評判になった。それで、どんどん一般の人たちも来るようになったので、その人たちに対しては、最初のころは我々が全部説明していました。

拝観客に当たり障りのない話をするということは、僕は絶対に反対でしたね。これは説法なのだから、おのれの宗教観を吐露《とろ》しなければ意味がないと大いに悩んでやっていたものですよ。若《わか》気《げ》の至りで、拝観客に「出ていけ、おまえら」と追い出したことも何回もあるしね。坊さんが揉《も》み手で拝観客を迎え入れるなどということは絶対に嫌いで、どこまでも寺の持つ清潔感を貫くべきだという思いがあったのです。

だから、基本的に清水寺や金閣・銀閣に対しては批判的やった。タクシーの運転手の中にも分かっている人がいてね。「私は何が起ころうとも、清水寺にだけは客は連れていきませんからね」なんて言う人がいて、そういう人たちとグループを作って、よく研修に行きましたよ。

古都税問題の発生と大島亮準師

――古都税の話に入ります。古都税問題が始まった時のことをお話し下さい。（藤田）

安井　僕は、文観税の時のこともあるし、大きな寺々が反対したら古都税など絶対にできないはずだと思っていたのですよ。ところが、だんだん雲行きがおかしくなってきてね。その頃に、三千院の大島亮準さんが寺に来て、「蓮華寺さんも、今から私がやろうとしていることに参加してくれ」と言ってきたので、出かけていったのですよ。（市仏教会の総結集集会が行われた）本能寺会館でしたね。

――天台宗の大原三千院執事長であった大島亮準さんは、古都税問題が始まったころは京都市やマスコミ対応の前面に出ておられましたが、どのような方でしたか。（藤田）

安井　古都税問題に関しては行け行けでしたよ。テレビにはいつも大島さんが出ていて、この運動の顔やったね。

大島さんは立命館大学法学部の事務局長をやっていたからね。法学部の教授はみな親しかった。（古都税訴訟の時には）大島さんが音頭を取って、立命館法学部を中心に共産党系の大弁護団が結成されたわけですよ。

古文協への対応

――古文協の藤田价浩さんは、文観税復活に賛成でした。（藤田）

安井　藤田さんはどんどん突き進むから、「何としてでもあの人を潰さなければあかん」ということになったのだけれども、古都税問題について古文協が主催する会合（京都市も出席）に参加できるのは相国寺や清水寺など理事をやっている寺だけでしてね。それで相国寺の人たちに反対してもらったのですよ。僕らは会合をやっている部屋の襖《ふすま》の裏側で聞き耳を立てて様子をうかがったのだけれど、最初は京都市側に見事にやられてしまったわけやな。

相国寺の宗務総長が、金閣と銀閣を代表して会合に出たのだけれども、肝心の委任状が白紙になっていたのです。藤田さんは、相国寺に対する委任状を金閣・銀閣に書かせる時に消えるインクを使わせたのやね。後で見たら何も書いていない。それを京都市の理財局長が「何も書いてないやないか、これ」と。

「そこまでやりよるか。これはあかん」ということで、次の理事会では録音テープを持ち込んだ。三台は持って行ったのだけれども、そのうち一台はプロが使うものでした。どんなものかというと、五時間連続で距離は関係なく録音できる極めて高性能なカセットでね。私立探偵から借りたんや。

録音したあと、仏教会の事務所に詰めきって一字一字テープ起こしをやりました。会合の最後に、議長である藤田さんが「ご異議ございませんか」と言うと、必ず子飼いの寺が「異議なし」と言うはずなのだけれども、そのテープを何回聞いても最後の「異議なし」がなかった。「これは会合が成立していないんじゃないか」と考え、弁護士に相談して、不適切な議事運営を行ったということで理事長職務執行停止の仮処分申請をやりました。昭和六十年三月に大阪高裁で勝って、一つ山を越したわけですよ。

古都税条例の即決とデモ行進

――昭和五十八年（一九八三）一月の臨時市議会で古都税条例案が即決された時に、市役所前でデモを行ったとのことですが。（藤田）

安井　新聞ダネになるパフォーマンスをやろうということで、鵜飼君たちと相談してね。それならば、「市議会がやっている間、衣《ころも》を着て鐘を叩《たた》いて、議会の周りをぐるぐる回ってデモしたらどうや」ということになった。ところが、それを誰もやりたがらなかったので、僕が日頃からつき合いのあった天台の僧侶二人、三千院の小僧二人を集めましてね。「いろいろ妨害があったり、石が飛んできたりするかもしれないけれど、ひるまず前を向いて歩こう」ということで、観音経の一節である「念彼観音力《ねんぴかんのんりき》、波浪不能没《はろうふのうもつ》（波浪が来ても観音力で鎮《しず》める）」を唱えながら行進を始めた。市役所の前を通過する時に、うまい具合に京都新聞が写真を撮ってね。それが翌日の新聞に出たのです。

――条例案が即決されたこと自体については、どのようにお考えですか。（藤田）

安井　それは、要するになめられたということですよ。「坊主が騒ごうが、そんなもの、どうってことあるかい」という雰囲気やね。

自民党のある市議会議員と話をしたことがありましてね。その人はこう言ったのですよ。「文化財みたいなものは、みんな金閣の駐車場にでも集めて、そこで博物館みたいに見物料を取ったらええのや」と。寺の什物《じゅうもつ》が宗教財であることなど全然意識がない。「そんな時代やないのや。

これからは」という感じで自信満々やった。バブルの始まる前兆のころだから、京都を活性化していくには寺は邪魔な存在だと思っていたわけですね。

古都税に反対した共産党は、市長サイドが議会に提出する条例案のコピーを持ってきてくれた。そういうことに関しては共産党は非常に役に立って、どんどん集めてきてくれましたね。

対象寺院への説得と古都税訴訟却下

——昭和五十八年後半から京都市と仏教会双方が対象寺院に説得をしますが。（藤田）

安井　神護寺《じんごじ》に説得に行って、京都市とぶつかったことがありますよ。鵜飼君と僕が応接間に通されたら、そこに城守さんがいるんや。お互いに「ああ、こんにちは」と言って、ずっと別の話をして。相手が帰るまで動けへんわな（笑）。もう火花が散っていましたよ。どこの寺に行っても。説得に回っていたのは京都市だけではなくてね。商工会議所に説得されて態度を引っ繰り返した寺もあった。

——昭和五十九年三月には、古都税訴訟が却下されましたが。（藤田）

安井　あれは見事にやられましたね。古崎裁判長は熱心なクリスチャンで、この訴訟が自分のところに来るのを待っていたわけや。京都の寺が拝観料を取って潤《うるお》っていることに反発があった。

あの時の雰囲気では、裁判をやるのは戦法としてまずかったですね。こういう結果が出ることは目に見えていました。拝観が宗教行為だという認識を、拝観をやっている寺の側が持っていないじゃないですか。分かるでしょう？

「あっせん者会議」と西山社長

――昭和六十年二月に設置された「あっせん者会議」との関係はいかがでしたか。（藤田）

安井　「あっせん者会議」は、向こうが勝手に斡旋すると言っていただけで、こちらは全然関係ないですからね。でも、大宮さんには料理屋で会いましたよ。西山社長も一緒でした。宝酒造《たからしゅぞう》で特別に作った極上酒を大宮さんが持ってきてくれて、それがうまかった（笑）。だから、話をしないで酔っ払ってしまっただけや。それでよかったと思いますよ。

――西山社長はどのような人でしたか。（藤田）

安井　鵜飼君と僕が、ある宗派の寺の移転に関わったことがありました。その時に不動産について詳しい坊さんがいることを鵜飼君が聞いてきたので、会いに行きました。その坊さんは、「あんたらが古都税問題をやっている仏教会か」と言うから、「そうです」と僕らが答えてね。そうしたら「ちょっと待て」と言って西山社長に電話をかけた。そして社長と会うことになったのですね。

社長は、おかっぱ頭で若い感じの人やったけれども、「そんなこと、あんたらが手を出す問題と違う」と、理路整然と話し始めたのですよ。鵜飼君は「うっ」と詰まってしまった。しばらく話が途切《とぎ》れてから、「ところで、あんたらがやっている古都税やけどな、どういう方法を取るつもりなんや」と社長が言い出したので、鵜飼君と僕がいろいろ話をした。社長は「そんなものじゃ全然だめだ」と言って、行政がどういうものであるかを説明したわけですね。僕らは感心してしまった。

「俺を入れろ。俺の情報は役に立つと思うから。いくらでも協力するから」と社長が言うので、何回か会って話をするうちに、徐々に古都税問題に協力してもらうことになりました。社長の能力はピカイチやった。世の中にこんな男がいるのかと思ったね。

二回目の拝観停止から電話交渉テープ公表まで

――昭和六十年十二月からの二回目の拝観停止についてお話しください。(藤田)

安井　作戦としては広隆寺と蓮華寺が最初に拝観停止に入る。そのあとに雪崩《なだれ》を打ったように大寺院が入っていくのがいいのではないかと考えました。マスコミに対してセンセーショナルな感じがするからね。そうしたら、清水寺がどうもおかしいということが聞こえてきた。慌てて松本大圓さんに会いに行ったら、「拝観停止をしない」と言い出したのです。あの時は青くなりました。他の寺だったら別にどうということはないけれど、金閣、銀閣、清水寺のどこかが崩れたら、この運動はおしまいやしね。

清瀧さんはかなり食い下がった。「我々は拝観停止に入っている。それがどういうことか分かりますか。寺の命を懸けているということなんですよ」と言ったのだけれども、何かおかしかったな、松本さんは。何の根拠もない話だけれども、誰かが裏から手を回したのだと思う。松本さんが持っている弱点を突いたのだって、そう思えて仕方がなかった。

――翌六十一年三月の清水寺大講堂での夜を徹した話し合いについては、どのようにお考えですか。(藤田)

安井　パフォーマンスというか、アピールというか、そういうものが必要だったわけですよ。志

写真17　京都ホテルのビル高さ問題の和解を撤回した京都ホテル社員に詰め寄る安井師

納金方式については、こちらの理に合うものであれば何でもよかった。

――電話交渉テープの公開を西山社長はためらったと聞いていますが。（藤田）

安井　西山社長は、「アホで悪人は叩くことができるけれども、アホで善人は叩きたくないんや」と言っていた。「アホで善人」は今川市長というわけやね。そのような思いであれば、テープを公表するということは市長の命を取るぐらいに叩くということやから、社長は躊躇《ちゅうちょ》したのでしょうね。今川市長は政治家としての能力を欠いていたと思う。

古都税問題の収拾と僧侶のあるべき姿

――古都税問題が収拾に向かった時のことを教えて下さい。（藤田）

安井　西山社長に「俺がやることは全部やった。後はどうまとめるか。それはお前らがやれ」と言われてね。そのことがあって、清瀧さんが運転する車の中で「これは、ぼちぼち手打ちですね」と言ったことを覚えてますね。清瀧さんも「そうやな」と。

それで、解決に向けたスタンスを取っていた柊家《ひいらぎや》の主人（観光協会副会長の西村源一氏）に打診してみた。そうしたら「すぐに市長に会います」と言って飛びついてきました。もう、双方ともに疲れていたんやな。一気に話が進んだ。


――最後に、ストイックな姿勢で拝観に取り組んできた安井さんが、僧侶にとって大切だと思うことをお話し下さい。（藤田）

安井　僕は僧侶になる時に、「単に寺の歴史を知っているだけでは、観光客の相手にはなるけれども本物ではない。やはり宗教のことを知らなければならない」と思った。それで、市役所の周囲をデモ行進した時の四人と勉強会をしたのですよ。それぞれがテーマを持って、レポートをまとめて。種智院《しゅちいん》大学の先生も呼んで、密教学についてかなり勉強しました。自らの存在を確立するためにね。

全ての問題の起点は僧侶の内側にあるのであって、宗教をよく認識して日々の寺院運営に当たらなければならない。それを目指すためには議論の場を設ける必要があって、それで仏教会に「宗教と政治検討委員会」を作って、宗教のこと、政治のこと、法律のことを総合的に議論しようとした。でも、人が集まりませんでしたね。

仏教会での僕の仕事は、大寺院の傲慢《ごうまん》さに蹴《け》りを入れることだと思っているのですよ。


（平成二十七年十月二十六日　蓮華寺〈京都市左京区・安井師自坊〉にて）

11　佐分宗順（さぶり・そうじゅん）師

昭和二十三年（一九四八）生。臨済宗相国寺派宗務総長。相国寺塔頭豊光寺住職。京都仏教会常務理事。

臨済宗相国寺派の特質

――まず、宗務総長を務めておられる臨済宗相国寺派についてお尋ねします。鹿苑寺と慈照寺を山外塔頭に抱える相国寺を本山とする相国寺派は、一般的には大宗派と考えられていますが、実際には末寺が少ないということが特徴です。（藤田）

佐分　相国寺は、室町時代の永徳《えいとく》二年（一三八二）に足利義満《あしかがよしみつ》によって創建された寺院であり、幾たびもの戦乱や火災を乗り越えて現在まで伽藍《がらん》を維持しております。また、応永《おうえい》四年（一三九七）に義満が鹿苑寺を、延徳《えんとく》二年（一四九〇）に足利義政《よしまさ》が慈照寺を造営しており、これら足利家ゆかりの三ヵ寺を現在は相国寺派が管理しています。昭和の時代には鹿苑寺・慈照寺にそれぞれ住職がいたのですが、近年は相国寺派管長（宗派の統括者、相国寺住職も兼ねる）が両寺の住職を兼任しています。実際の事務については、相国寺塔頭住職の中から選任された執事長が両寺に派遣されて監督をしているということですね。

相国寺派は末寺八〇ヵ寺程度の小宗派です。最近は兼務住職あるいは無住の寺院が増えておりまして、これらの寺院を維持することも困難な状況になりつつあります。

銀閣寺事件と宗派の体制確立

――相国寺塔頭豊光寺《ほうこうじ》の先代である佐分春応《さぶりしゅんおう》師は、昭和二十五年(一九五〇)に焼失した金閣の再建など、相国寺派の基礎確立に尽力されました。父親でもある春応師のエピソードについてお聞かせください。(藤田)

佐分 私の先代である春応和尚は、もともとは愛知県の一般家庭に生まれました。家庭に金銭的余裕がなく、小僧として修行すれば大学進学できるということで鹿苑寺に入られたのですね。僧侶として一人前になってからは、鹿苑寺の執事長に就任して、本山との間を取り持つ役割を果たしました。また、相国寺派や慈照寺の要職も務めており、宗派全体のことを考えなければならない立場にいました。先代が直面した最も大きな問題は、昭和三十一年に発生した銀閣寺事件です。その解決のために奔走《ほんそう》しました。先代が亡くなるまで事件の裁判が続きましたね。

――昭和二十六年に宗教法人法が制定されたことにより、寺院の運営を近代化する必要が生じました。そのような時期に、住職であった菅月泉《すがげつせん》師が慈照寺の財産を使い込むという銀閣寺事件が発生したことについて、春応師はどのようにお考えだったのでしょうか。(藤田)

佐分 先代は明治の人ですから、それなりに気骨があったのかなと思いますね。銀閣寺事件は、寺院の保有財産と住職の個人財産を明確に区分するというような、宗教法人としての自覚が芽生《めば》えていなかった時期に起こった問題でしたが、きっちり処理しなければ後々に大変な事態になることを認識したうえで、先代は対処されたのだと思います。

慈照寺の住職がかわいそうだと味方をする人たちがいたこともあり、解決に手間取りましたが、寺院が宗教法人として正常な運営をしていくために、試金石《しきんせき》として乗り越えなければならない問題だったのかなと思いますね。それを解決できたからこそ、鹿苑寺・慈照寺の住職を管長が兼任する現在の相国寺派の体制を創りあげることができたのです。

古文協藤田价浩師との争い

——古都税の話に入ります。昭和五十七年（一九八二）七月に今川市長が文観税の復活を表明したことが問題の発端ですが、文観税の時に反対運動を展開した古文協会長藤田价浩師は、京都市に協力の立場を取りました。（藤田）

佐分　文保税の徴収終了から二〇年ほどが経過して、古都税の問題が発生しました。その時に鹿苑寺が賛成したと言われているのですが、京都市の説明をふんふんと聞いて帰ってきた程度のことだと思います。最初のうちは問題に反応できなかったのですね。

文観税には反対に回った古文協も、古都税の時には単に文化財保護に役割を果たすだけで、重要な問題を内部で話し合うことができていなかったと思いますね。藤田价浩さんは京都市に協力しようと主張されたのですが、それはおかしいのではないかと我々は考えました。

それで反対運動を始めたのですが、古文協でもいろいろと会合がありましたので、当時相国寺派文化部長であった有馬さんが私に出席するようにと仰いました。京都市も出席する古文協の会合は、文観税復活に賛成する決議のために招集されていたのですが、とりあえず様子を見てこないと状況が分からないということで、当時の鈴木《すずき》浄雲《じょううん》宗務総長と私が二人で出席することになりました。その会合の受付で、出席する旨の返事を書いて古文協宛てに出した葉書を見せられたのですが、そこに記入したはずの総長と私の名前が消えていたのです。どのような経緯かよく分からないのですが、何かの改竄《かいざん》があったことは間違いありません。

我々は、文観税復活に対して反対する意思表示をしようと思ったのですが、初《しょ》っぱなから出席の葉書が無効だと京都市と古文協は主張したのですね。それも「これは何や。何でこんなもん出したんや」という言い方で不備を罵《ののし》り始めました。不備があったとしても何が問題なのかをきっちりと説明するのが普通だと思うのですが、そんな対応など全くなくて、初めから喧嘩腰できたのです。それではっきり分かったのは、京都市は僧侶を何とも思っていないということです。お寺の和尚として、それなりの尊敬をもって対応するのではなくて、どうでもいいような人間として「お前らは俺たちの言うことを聞いたらええんや」という態度を取ったのです。初手からそんな対応をされると、「じゃあ、徹底的にやってやろうか」という気持ちにさせられますよね。

それ以後は、いろいろな方策を考えて古文協の会合に臨《のぞ》むようになりました。あまりにも強引な決議をしようとするので、テープレコーダーを持ち込んで会合の内容を録音することにしました。一台だけ持って行っても、向こうは「録音しないでください」と拒否するだろうと思って、三台か四台は持って行ったんじゃないかな。まず、一台を取り出して録音しようとすると、案《あん》の定《じょう》「止めてください」と言われたので、一応それは引っ込めて、内緒でカバンに入れておいた二、三台できっちり録音して帰りました。

同時に、そのような会合は無効であるという裁判を始めました。最初は勝てると思っていませんでしたね。当然のことながら司法は京都市に都合のいい判断を下すだろうと思いましたので。

しかし、勝訴したのですね。藤田价浩さんは古文協理事長の職務について執行停止になりました。私は弁護士さんと一緒に古文協の事務所に行って、金庫などにペタペタと差し押さえの札を貼ってきました。藤田さんは、私みたいな若僧に差し押さえをされてしまい、悔し涙を流しておられましたね。

京都市による説得工作

――昭和五十八年一月の臨時市議会で古都税条例が即決された後に、京都市と仏教会の双方が対象寺院に対して説得工作を行います。その時の状況はどのようなものだったのでしょうか。（藤田）

佐分　相国寺がある上京区の区長や室町学区の世話人が、「何とかならへんのかいな」ということで来られましたが、全部突っぱねました。相国寺の関係者は我々だけではありませんので、京都市は各塔頭の和尚さん方へ個別に説得工作をしていましたが、我々がきっちり反対の意思を示していたので、本山では大きな抵抗はなかったですね。

京都市は、任意団体である仏教会を通さずに各寺を個別に説得しました。門前の道路を整備するとか、舗装をきちんとするとか、下水の完備をするとか、そのような金銭的メリットを持ち出したのです。あるいは、総代さんや寺の関係者にそのような話を持ちかけて、寺を強引に賛成に回らせるようなことを京都市はやっていました。彼らにとっては、各個撃破の方が早いと思ったのでしょうね。ポロポロと落ちていった寺は結構ありました。

古都税訴訟判決に対する理論的枠組み

――昭和五十九年三月に古都税訴訟が却下されます。判決に対してのお考えをお聞かせください。（藤田）

佐分　司法の判断が我々にとって不利であろうことは薄々予想しておりましたが、判決は本当に不当だと思いましたね。古都税条例は、二万人以上の人が訪れる拝観寺院だけに特別徴収義務を課すという内容です。拝観寺院以外の寺や一般市民は関心が持てないので、我々が不利であったことは間違いなかった。

古都税問題に関しての認知度は、拝観寺院以外の寺では低かったと思いますね。「拝観料がたくさん入ってくるのやから、少々出してもかまへんやないか」、「あぶく銭なんやから、税金払ろたらええのや」という全く理屈の通らない発言をした人たちがいました。拝観が文化財鑑賞行為だという発想も、そのような人たちの意識から出ているのだと思います。拝観料はお布施であると我々は認識しておりますが、それは違うという解釈もできるのかもしれない。しかし、それならば、一生懸命お経を読んでいただくお金は労働に対する対価という側面もあるのだから、その側面に対して課税するという解釈もできるじゃないですか。それは、誰がどう解釈するかの問題ですよ。

拝観寺院にとっては、拝観が宗教行為であるという論理は絶対に外せないのです。鹿苑寺にせよ、慈照寺にせよ、メインの宗教行為は拝観しかないわけですから。宗教団体を存続させるための基本的な経済基盤は、拝観料というお布施によって成り立っていると解釈しない限り、我々には存在理由がなくなるのですよ。この問題に気づいた人は、古都税に徹底して反対せざるを得なかったと思います。

市仏教会の中央政界工作

——訴訟が却下された後に、市仏教会は自治省による条例の認可を阻止する働きかけを中央政界に対して行いますが。（藤田）

佐分　当時の事務局長であった鵜飼泉道さんを中心に東京通いをやっておりました。田中角栄《たなかかくえい》さんの秘書であった江崎真澄《えざきますみ》さんにいろいろとお世話になりました。江崎さんから、「認可を食い止めるためには、お寺さんに反対の意思を鮮明に示してもらう必要がある。京都で騒ぎを起こしてもらったら、許可が出せないという形で引き延ばすことはできる」と教えていただきまして、できるだけ長い間引っ張ろうという作戦を取りました。それがある程度功を奏して、なかなか許可が下りなかったのです。

拝観停止への決意

——昭和六十年一月に今川市長が古都税実施の決意表明を行います。それに対抗して仏教会は拝観停止の方針を発表するのですが、その決意を固める過程はどのようなものだったのでしょうか。（藤田）

佐分　拝観停止をすれば収入がなくなりますから、ずっと続けるわけにもいかないですよね。しかし、京都市に「あいつらそんなに続かへんのやから、まあいいわ」と思われたら負けですから、そのあたりは非常に重大な決断が必要でした。それと、一旦拝観停止をすれば開門するのが大変なのではないかという意見もありましたが、始めたら後には退かないというやり方ではなくて、「事情によっては開門して、また閉めたらええのや」という考え方で効果的にやろうというのが我々の判断でした。

相国寺一山の和尚さんを説得した時には、理解を示してくれる人が案外といましたね。反対する人よりは人数は少なかったですが。しかし、面と向かって我々がやっていることに絶対反対だという人はいませんでした。それは、認めてもらえるように説得の努力をしたからです。いろいろな場面で必要なことは全部やったという感じですね。きっちりとした自分の信念を、覚悟をもって相手にぶつければ、説得に応じてくれる人は結構いるもんだなと思いました。

西山氏の仏教会加入

——昭和六十年三月ごろから、西山社長が仏教会の活動に本格的に加わります。（藤田）

佐分　西山氏を正式に仏教会に入れたのは清水寺の松本大圓さんでした。会議で幹部が集まったところで、西山氏に顧問として入ってもらうと紹介されたのです。私は西山氏を全く知らなかったので、「どういう人間やろう」と思いましたけれども。

西山氏は、幹部の会議ばかりではだめなので、清水寺や相国寺など本山クラスの寺で働いている若手を中心に会議をやっていこうと発案されました。まず、若手の間で策を練っておいて、その案を各人が本山に持ち帰って承認を得る形で物事を進めようということですね。清水寺や相国寺が賛成しない限り作戦は実行できませんから、有効な戦略だったと思います。

——西山社長の人となりについては、どのようにお考えですか。（藤田）

佐分　西山氏に対しては信頼がありました。なぜかというと、彼はしっかりとした論理をもって物事を言っていましたし、言ったことと違うことはやらなかったですから。仏教会は西山氏に弱みを握られていると巷《ちまた》では言われましたが、実際にはそんなことは全くなかったので。しかし、世間一般は、不動産屋と名が付く人間はお金を中心にしか物事を考えないので、理屈だけで動くことなどあり得ないと思っていたでしょうね。

8・8和解をめぐって

――昭和六十年八月八日に京都市と仏教会は一旦和解します。和解の経緯についてはいかがお考えですか。（藤田）

佐分　西山氏は綱渡りみたいなことをやったと思いますね。「あっせん者会議」の大宮氏を通して問題の解決を図《はか》りながら、一方で今川市長とのやり取りをやっていましたからね。市長が和解の内容を守ればよかったのですが、選挙が終わった途端《とたん》にコロッと態度が変わってしまった。もちろん、そういうことは想定の範囲内でした。政治家なんてそんなものだと我々は思っていましたから、今川市長の言質《げんち》を取るために電話交渉の内容をテープ録音したのです。テープ録音に効果があることは、古文協と争った頃から分かっていましたからね（笑）。

8・8和解以降、共産党との関係が悪くなっていきました。共産党は、市議会での古都税条例の即決の時に唯一反対した党なんですよね。我々は共産党寄りの組織だったわけではないし、どちらかと言えば右寄りだったと思うのですが、共産党の方がこちらに寄ってきて、いろいろな情報を入れてくれたのです。私は、共産党は好きではありませんが、京都の共産党はそれなりに地盤を握っていますし、彼らが持っていた情報収集能力は、当時はかなり優れていたのではないでしょうか。共産党は、拝観停止が今川市長を追い込むチャンスだと考えたでしょう。ところが、仏教会が今川市長と和解をしてしまったので、「一体何のことや」と思ったでしょうね。それから、仏教会が抱えていた古都税訴訟の弁護団も共産党系の人たちがたくさんいましたから、すごい反発がありました。

二回目の拝観停止と清水寺の内紛

――十二月より二回目の拝観停止に入ります。その時の状況について教えて下さい。（藤田）

佐分　拝観停止はきつかったですね。門前業者について言えば、彼らは古都税が始まった時点では「税金を払ったらええやないか」という態度でした。拝観停止が始まった時に、それは困るということで話し合いに来られたのですが、我々はしっかりと自らの理屈を説明しました。彼らも鋭く食い下がってきましたが、我々がそう簡単に古都税を認めることができないということを、ある程度は分かってもらえたと思うのですけれどね。

――昭和六十年十二月に、松本大圓理事長が突然清水寺の拝観停止を撤回すると表明します。（藤田）

佐分　あれは私もびっくりしました。全く想像もしていませんでした。我々を率いていかなければならない中心的な人が、コロッと転んでしまって。有馬さんもびっくりしていましたし、私も理解できなかったですね。

清水寺一山も、ものすごく戸惑《とまど》ったと思います。清水寺の立場上、拝観停止から退くことはできなかったでしょうから。しかし、その後の清水寺が自らの責任をしっかりと果たされたことに、私は敬意を表したいと思います。

志納金方式の評価

――二回目の拝観停止は、清水寺大講堂での観光関連業者との話し合いを経て、志納金方式での開門という形で終わりますが、その経緯についてはいかがお考えですか。（藤田）

佐分　志納金方式は苦肉の策でしたね。しかし、布団を持ち込んで徹夜で議論をしたという事実を作ることが一つの戦略だったと思います。そういう過程を経ないと、解決の道はなかったと思うのです。パフォーマンスだと言ってしまえばそれまでですが、あれは労力が必要ですからね。我々が内輪を説得する時も、その覚悟でやっていたのですよ。西山氏から、「相手が首を縦に振るまで一晩でも二晩でも寝ずにやるぞという意気込みがないと説得なんてできませんよ」と言われました。

志納金方式は、拝観行為を否定するものですよ。寺院拝観は、本来は無料とするべきだという論理は絶対反対ですね。財施（信者の喜捨）と法施（僧侶の宗教行為）は対応関係にありますから、財施がなければ拝観が宗教行為であることを否定する結果になります。無料拝観をした寺もありましたが、それでは経済的に成り立ちませんので、結局は再び拝観料を取り出しましたしね。

電話交渉テープの公表と古都税問題の収拾

――志納金方式での拝観が終わり、昭和六十一年七月から三回目の拝観停止に入ります。翌六十二年一月に今川市長と西山社長との電話交渉テープを仏教会は公表しますが、そのことについて

はどのようにお考えですか。（藤田）

佐分　仕方なかったですね。西山氏は録音を表に出すことはできる限り避けたがっていました。それ以外の方法がないか西山氏は模索したと思いますが、それができなかった。それならば公表するしかないということになったのですね。最後の手段でした。

今川市長を窮地《きゅうち》に追い込むことができましたが、そこまでやってしまったことで最終的な決着の方法が分からなくなりました。京都市は苦労したと思うのですが、我々も本当に追い詰められた状況になりました。先が見えない中で、京都市が先に音《ね》を上げたという部分があったのだろうと思いますね。

――昭和六十二年に入ると、京都市や市議会の動きもあり、事態が収拾に向かっていきます。その過程についてご記憶のことはありますか。（藤田）

佐分　記憶にないですね。京都市が事態の収拾に向けて動いているという不確実な情報はあったかもしれませんが、それが果たして信用できるのかという疑心暗鬼《ぎしんあんき》がありました。

最初のころは共産党が京都市の情報を入れてくれましたが、その後は何も分からなくなりました。我々は情報を流さない策を取ったので、京都市も同じだったでしょう。誰が仏教会の意思を決定する人間であるかを、我々は京都市に対してきっちりとは示しませんでした。個別に説得されるのを防ぐためです。だから、京都市は誰に話を持っていけば事態の収拾に有効なのか分からなかったでしょうね。

我々は、外国の国賓《こくひん》が訪ねてこられても拝観は一切受け付けないとまで言いましたからね。京都に来た外国のお客さんが金閣・銀閣に行きたいと言った時に、寺に頼んでも断られるというのは、京都市にとって恥だったでしょう。そういったことが、ボディブローのように効いたのだと思います。

古都税問題の総括と今後の展望

――古都税問題の総括と今後の展望について述べていただきたく思います。（長澤）

佐分　これまで僧侶が個人の意見を述べることはあったかと思いますが、仏教教団が社会に対して主体的に何かを主張するということは、ほとんどなかったのではないでしょうか。キリスト教の世界であれば、バチカンの世界戦略を頭に入れて教団は発言をしますし、それによってキリスト教の対応が変わってくるのですが、仏教ではそういうことが全くありません。

仏教の教えは、社会に対しての異議申し立てというか、一種の反抗ですよね。お釈迦《しゃか》さんは、人間の価値は出自や職業ではなく、何をしたかという行為によって決まると言いました。これは、カースト制度などの制約を払いのけて人間の自由を主張したわけですから、社会へのアンチテーゼだったのですよ。

仏教の基本的な命題は世俗《せぞく》の社会から生まれたのです。僧侶は、自分自身が聖なる存在であると主張しますが、結局は世俗に戻らざるを得ない部分があるのです。資本主義経済に宗教が取り込まれていく過程においては、僧侶は「自分たちは違う」と世俗化を否定しようとしますが、それは間違っていると思います。お釈迦さんの時代から社会とのつながりの中で仏教は発展してきたのですから、個人の救済だけに凝《こ》り固まる考え方はよくないですよ。

近代の国家神道《こっかしんとう》体制によって、仏教は個人の救済という部分に押し込められて、政治や社会に対して発言するのは好ましくないという考え方が広がるようになりました。だから、古都税問題に対しても、疑問に思う気持ちや抵抗する気力がないということになってしまったのですよ。明治以降、寺領という経営基盤を失った寺院は、経済的に自立するために拝観を始めたのです。行政は、その拝観に目をつけて収奪しようという意図を持つようになりました。しかし、それはおかしいと抵抗した僧侶は戦前の社会でもいたわけで、それが戦後の文観税や古都税の反対運動につながっているのです。

いつの時代においても、行政の立場からは拝観は文化財鑑賞行為であるという発想しか生まれません。我々とは立場が違うのです。相国寺であれば、六〇〇年以上前から京都の地に存在しているわけですから、たかだか一〇〇年程度の歴史しかない京都市が勝手な判断で税金をかけてくることに対して憤《いきどお》りを感じないのか。そのようなことに対しての抵抗の意識を持つ必要があるのですよ。

宗教団体に圧力をかけるということは、信教の自由など、個人の自由を侵害するきっかけになると思うので、一般社会に関わってくる問題でもあるのです。それを敏感に感じ取って、抵抗していかなければならないと思います。

（平成二十七年十月十六日　相国寺派宗務本所にて）

12　有馬頼底（ありま・らいてい）師

昭和八年（一九三三）生。臨済宗相国寺派管長。鹿苑寺・慈照寺住職。相国寺承天閣美術館名誉館長。京都仏教会理事長。

相国寺承天閣美術館館長として

――相国寺では、昭和五十九年（一九八四）に承天閣美術館を開館して、寺宝の収集・展示活動を展開してきました。まず、事務局長・館長として業務を取り仕切ったお立場から美術館活動についてご紹介下さい。開館準備には随分ご苦労をされたと伺っておりますが。（藤田）

有馬　私は、これまでに八四回中国に行きました。龍門石窟《りゅうもんせっくつ》に行った時の話なのやけどね。石窟のレリーフがごっそりと剥《は》ぎ取られているのを見たのです。盗掘されて、海外の美術館に流出したのですね。流出先の美術館ではきれいに保存されていると思いますよ。しかし、あるべきところになくてはならない。そう思いましたね。

「我が相国寺はどうなっているんだ」と思って、蔵に入って調べました。寛政《かんせい》年間（一七八九～一八〇一）の什物台帳《じゅうもつだいちょう》と照合してみると、随分なくなっていたのです。その中で一番の名品は、現在は国宝の雪舟《せっしゅう》筆破墨《はぼく》山水図でした。分からないうちに売ってしまったのです。だから、これはきちっと整理をしなくてはならないと。さらに修理して、一般公開をする。皆さんに知られていると売れなくなるのです。

私の師匠である大津櫪堂《おおつれきどう》老師が、相国寺創建六〇〇年の記念事業を何かやらないかと仰ったので、宝物館を造ろうと申し上げました。昭和四十九年（一九七四）八月の（相国寺の）評議会で決議されました。当時の宗務総長は（鹿苑寺の住職であった）村上慈海長老でした。「資金はどうするんだ」ということになって、慈海長老から出していただきました。もう泣いて喜びましたね。開館以来、二五年間赤字やったけれど、伊藤若冲《いとうじやくちゆう》の展示をやって、ようやく黒字になりました。

古都税反対に至る経緯

——古都税問題の話に入ります。古都税を反対するに至った経緯について教えて下さい。（藤田）

有馬　文観税の時には大津老師が断固反対されたのですが、施行されてしまった。その時師匠は、「わしらの力が足らんかった。これからはお前らが、若い人が頑張ってくれなあかんぞ」と言わはりました。その一言が私の心に残っていて、「よっしゃ、今度はわしがとことん頑張らなあかん」と思ったのです。

——「覚書」を反故《ほご》にされたことについては、どのようにお考えですか。（藤田）

有馬　議会は条例案を上程する権限があるのですよ。だから「覚書など紙くずや」と言わはりました。「信頼関係も地に落ちた。こらあかんわ」と思いました。それで反対に火が付いたのですね。

当時の宗務総長だった須賀玄磨《すがげんま》さんが文観税復活には反対の立場で、相国寺派の宗議会でも反対しようということになった。総代さんは、「そんなもん、寺から取るんやないし、お客さん一人当たりの人頭税で取るんやから、寺の腹が痛むわけやないからええやないか」と最初は言ったのやけどね。最後は全員反対でまとまりました。

古都税条例の成立と京都市の説得工作

――昭和五十八年一月に古都税条例を市議会は審議抜きで即決しました。（藤田）

有馬　言うたら悪いけど、要するに議員はレベルが低いのです。宗教的な尊厳というものを分かっていない。京都は宗教都市なのですから、それを抜きにして市議会などありえない。「古都税など取ったらええやないか」というのが世論でしたが、参拝者から税を取るのはおかしい。映画館に来ているのではない。お参りに来ているのだから。

――古都税条例が成立した後に、京都市は古都税対象寺院に対して税導入に向けた説得を行いました。（藤田）

有馬　私は鹿苑寺の責任役員をしていたのですが、鹿苑寺の総代会で「責任役員の職を当分休んでください。そのうちに必ず復帰をしていただきますから」という話になりました。総代さんそれぞれに市から圧力が掛かったのですよ。姑息なことをしよるなあと思いました。

古都税訴訟と拝観停止の決断

――拝観を文化財鑑賞行為とした古都税訴訟の判決についてはどのようにお考えですか。（藤田）

有馬　あれはいい加減な判決でした。拝観のうちで、お参りが半分で、あとの半分は文化財観賞行為だと言うのです。お参りか文化財鑑賞かというのは人の心の問題ですよ。心の問題を読めるわけがない。そんなものは無意味だから相手にしなかった。仏教の立場からすれば、お参りに来た人からは税は取れないので、古都税は成り立ちません。どうして人の心の中を見ることができるのか。

仏教会は絶対反対の立場でした。世論よりも少数意見が正しい場合がいくらでもある。民主主義は数の論理でしょうが、数が多ければいいのではないのです。我々の主張が正しいという信念を持って、とことん突き進んでいったわけです。

――昭和六十年一月に古都税を断固実施すると表明した今川市長に対して、市仏教会は拝観停止で応じることを決定しました。重い決断だったかと思いますが。(藤田)

有馬 いや、簡単な決断です。門を閉めたらいい。どこかの新聞社が「天皇がお見えになった時はどうされますか」と聞いてきたけれど、「天皇とわしは友達や。来《こ》んといてって言うたら終《しま》いやないか」と啖呵《たんか》を切ってやりました。

東伏見会長・清瀧常務理事・西山社長

――昭和六十年四月に府・市の仏教会が統合して京都仏教会が発足します。仏教会幹部のうち、亡くなった青蓮院門主東伏見慈洽会長についてご紹介下さい。(藤田)

有馬 東伏見さんは京大に入られた。皇室は東大に行くべきやけれど(注1)、東大は共産主義の思想があったので。そのいきさつは、東大の法律学者である川島武宜《かわしまたけよし》さんが言わはりました。

それで京大に行ったのですが、あの人は行政が大嫌いな人でした。役人が押し付けてくるのは許せんと。徳川幕府が後水尾《ごみずのお》天皇に圧力をかけて譲位させた経緯をご存じで、「行政の指図は一切受けたくない。古都税なんてとんでもない」と言って頑張らはったね。絶対にぶれなかった。

「そうですか、分かりました」のような、おとなしい口調でね。学者肌で、理路整然としておられたね。激高したような話は絶対になさらなかった。

――亡くなった広隆寺貫主清瀧智弘常務理事についてもご紹介をお願いします。（藤田）

有馬　清瀧さんは、仏教会のスポークスマンでね。不思議な人やったねえ。本当に信念を貫かはった人やね。こうと言い出したら絶対に譲らん人やった。

――西山社長についてもお話し下さい。（藤田）

有馬　西山社長は商売上手なビジネスマンです。ポイントを全部抑えはった。拝観停止をした時に、「修学旅行生にどう説明するんや」と聞いたら、彼曰《いわ》く、「修学旅行生が来たら、宗教的な尊厳を損なうので拝観ができないことを教えて、それで地方へ帰せばいいのです。ビクつくことは全然ありません」と。そらそうやなと思いました。

西山社長のことで、「不動産を取られた」とか、どんどん電話が掛かってきましてね。共産党から掛かってくるわ、ヤクザから掛かってくるわ。「ちょっと待ちなさい、あなた」と、私は喧嘩をしました。あの当時は、あらゆる批判にさらされましたね。

拝観停止中の出来事

――拝観停止に入って、どのようなことが起きましたか。（藤田）

有馬　拝観停止をしていた時に、（京都市選出衆議院議員の）伊吹文明《いぶきぶんめい》さんが来たのですよ。ある日、薄暗くなってから来ました。「有馬さん、拝観停止をしておられると、現金収入があかんでしょう。そうなったら銀行は一銭も出しませんよ」と。あの人は大蔵省にいたから、銀行に顔が利《き》くのですよ。

「そんなもん、アホか」と言うてやりました。「わしらは、お粥を食って毎日過ごしてんのや。托鉢《たくはつ》（注2）している限り、金があろうとなかろうと痛くもかゆくもないんや。何を考えとるんや」と。托鉢は、仏教の大原則である六波羅蜜《ろくはらみつ》（注3）の中に位置づけられており、誰にも阻止できないのです。「ああ、そうですか」と言うて、すごすごと帰って行きました。

「あっせん者会議」の奥田氏と大宮氏

――一回目の拝観停止が始まってから二週間ぐらいで8・8和解になりますが。（藤田）

有馬　「あっせん者会議」の奥田東さんは、うち（相国寺塔頭大光明寺《だいこうみょうじ》）の檀家さんなのですよ。奥田さんが時々電話を掛けてきて、「有馬、いい加減にしろ」と。「いい加減にするなら、そもそも反対運動はしませんよ。奥田さん、覚悟を決めてやって下さいよ」と答えましたね。それから助役の城守さん。あの人も一生懸命やっていましたね。宝酒造の別荘で城守さんと話し合ったのですよ。「西山はよくない男やから、仏教会から外してくれ」と言っていました。

――「あっせん者会議」の大宮隆さんは、どのような感じの方でしたか。（藤田）

有馬　大宮さんは立派な人ですよ。立派な人ですけど、やっぱり行政側に立った人ですからね。仕方ないですよ。（大宮隆氏が社長を務めた）宝酒造はね、創始者の四方卯三郎《よもうさぶろう》さん、大宮隆さんの義父である庫吉《くらきち》さん、庫吉さんの部下であった井上壽一郎《いのうえじゆいちろう》さんが立ち上げたのですよ。四方さんのことは、私はよく存じ上げている。お宅にもよく行きました。井上さんも相国寺専門道場の檀家さんで、お宅に毎月お参りに行っていました。

井上さんのお宅にお参りに行くと、必ず奥さんが出て来はりましてね。「大宮がいろいろ言っていますけれど、どうぞ一つ大目に見てやってください」と。「気にしなくていいんですよ。私は全然問題にしていませんから」と言いましたよ。

二回目の拝観停止と徹夜の話し合い

――京都市が8・8和解を履行しなかったために二回目の拝観停止に入りますが、その直前に、松本大圓理事長が突如として清水寺の拝観停止を行わないと言い出しました。（藤田）

有馬　松本さんは仏教会の理事長ですから、決裁事項は判を貰《もら》わなあきません。私と清瀧さんの二人で（松本理事長が入院していた）東京警察病院に行きました。病院に入ると階段があって、階段の下が控室でした。清瀧さんが「どうしましょう」と言うから、私は「必ず下りて来よる。ここで座って待ってよ」と。控室で一時間も待っていたら、下りて来よったんや、松本さんが。「いやぁ理事長、待ってました」と私が言うてね。松本さんはぎょっとした。「いろいろ決裁事項がありますから、判をいただかなきゃならないんです。お願いできますか」と言ったら、松本さんは「しゃあないなあ」と。「どうぞ、精々お体にお気をつけて元気でいてくださいよ。さよなら」と言って帰ってきました。あれは面白かったねぇ。

――二回目の拝観停止の際には、観光関連業者と徹夜で会議をされました。（藤田）

有馬　エムケイの青木会長が、「貸布団を持ちこんで、徹夜でやりましょう」と言ったのです。あの人は行政に対して非常な不満を持っていたので、仏教会の手伝いをしてくれた。それで結局泊ったなあ。まあいろいろやりましたよ。

門前業者には、「寺が潰れたら、あんたらも潰れるんやぞ。寺の側に立って反対せなあかんやないか」と言いました。それで門前会が寺側に立ってくれたのです。

京都市との和解と古都税問題の総括

――三回目の拝観停止が終わり、承天閣美術館で京都市と仏教会が和解しますが、その時の様子について教えてください。（藤田）

有馬　和解の時は、私らは何も言わんと黙っていました。市の方がザワザワと言いよるだけでした。意見を言っても無意味なのですよ。黙っているのが一番。沈黙は金なりですよ。それで落ち着くところへ落ち着くのです。

やっぱりね、京都は観光がなかったら立ちいかないのです。拝観停止で痛いほど分かった、京都が何で生きているかということが。京都は拝観がなかったら生きていけないのです。

――古都税問題について総括すると、どのようなことが言えますか。（藤田）

有馬　結局、行政は取りやすいところから取ろうという姿勢なのですね。市バスの赤字を埋め合わせようということで古都税が言い出されたのです。「ここで仏教会の力を見せなきゃいかん」と思い、まとまって一つの大きな力を作りました。税金を廃止にするなんて前代未聞なのですよ。これが仏教会の力です。

――最後に、京都市に対してメッセージをお願いします。（藤田）

有馬　京都では、お寺さんや花街のような白足袋を履いている人に手を出したら必ず負けるのです。だから、京都市は寺と協力せざるを得ないのです。寺を敵に回したら大やけどを負う。行政が自分の力を誇示《こじ》して強引にやっていくことはできません。

京都市も、仏教会も、京都を悪くしようなんて全然思っていません。これからは、京都市に協力しますよ。仏教会の提案は京都市が必ず受け入れてくれる。手を携《たずさ》えて、ともに行こうじゃないかということなのですね。

（注1）東伏見慈洽師は、昭和天皇の義弟、すなわち香淳《こうじゅん》皇后の実弟に当たる。

（注2）托鉢…仏教の修行形態の一つで、僧侶が鉢を持って信者の家を回り、食料などの施与を受けること。

（注3）六波羅蜜…大乗仏教の修行を願う者が、その理想を達成するために実践する六つの徳目のこと。布施《ふせ》・持戒《じかい》・忍辱《にんにく》・精進《しょうじん》・禅定《ぜんじょう》・智慧《ちえ》の六種。

（平成二十七年十月九日　相国寺承天閣美術館にて）

第三部　論　考

1　拝観行為の宗教的意義

洗　建（駒澤大学名誉教授）

はじめに

古都税紛争において、問われた問題の本質は「寺院拝観行為が宗教行為なのか、世俗的な文化財鑑賞行為なのか」という問題である。京都市はこれを世俗的な歴史的、美術的文化財の鑑賞と見なし、拝観者に間接税をかけることにしたのであり、世間一般の常識においても、これが宗教行為だとは思わないのが普通なのだろう。古都税条例無効確認訴訟に対する京都地裁の判決においても、このような世間の常識に従って、「本件条例は、文化財の鑑賞という行為の宗教的側面自体を否定するわけではなく、対価を支払ってする有償の文化財の鑑賞という行為の客観的、外形的側面に担税力《たんぜい》を見いだし、本税を課すこととしたまでである」と述べ、「拝観は宗教行為に他ならない」という寺院側の主張に一定の理解を示しているかのように見せながら、行為の外形的側面に担税力が見いだせるから、これに課税しても差し支えないという判断をしている。しかし、一つの行為を宗教的側面とその外形的側面とに分断する論理が許されるなら、読経《どきょう》料や戒名《かいみょう》料などのお布施《ふせ》についても、その宗教的側面と、多額の寄付を行うという外形的側面を分断し、その外形的側面に担税力を見いだし、課税するという論理も成り立つことになる。しかし、この判事も、お布施に対価性や有償性が見られたとしても、お布施は宗教行為そのものであるから、流石《さすが》にお布施に課税することは肯定し得なかったのでないだろうか。つまり、この判事は宗教的文化財の拝観行為の宗教的側面を否定しないと言いながら、その宗教性を理解できず、結果的にはこれを否定しているというべきだろう。

宗教の複合的性格

このような判断をしたのは、文化財には宗教的文化財のみならず、歴史的、美術的価値を持つ世俗的文化財もあり、その鑑賞という宗教から独立した一つの領域が存在しているからである。歴史的には美術や音楽、演劇、文学などの芸術は、宗教の一分野として発生し、次第に独立した分野を形成するに至ったものであることは、よく知られている。いや、芸術の分野だけではない。もともとは、政治や法律、哲学、学術、医術、さらには宗教と最も遠い分野と見られる経済なども、宗教にその起源を持ち、そこから分化、独立していったものなのである。これら多くの領域が、宗教から独立して、固有の領域を確立していったために、宗教はその領域を狭めていって、ごくわずかな分野しか残されていないとする宗教観もある。しかし、宗教とはこれら多くの領域を失って、残されたわずかな領域のみに係わる現象に過ぎないというのは、真実だろうか。岸本英夫《きしもとひでお》は「宗教とは（中略）人間の問題の究極的解決にかかわりを持つと人々によって信じられている営みを中心とした文化現象である」と定義した。その究極的とは、人間が直面するあらゆる問題（悩みや困難）を包括し、無限優位の立場から解決に係わるという意味であるという。つまり、たとえば医学は人間の病気の解決という限定された領域のみに係わる文化であるが、宗教は病《やまい》のみではなく、経済的貧困による悩みや、家庭の人間関係の摩擦《まさつ》など、いかなる問題にも解決の道を与えるということである。世俗化された領域では、外界の客観的問題状況を改変することによって、問題を解決しようとする。一方、宗教は外界の改変のみではなく、人間の内面を変えることによって、悩みを解消させる。問題解決へのアプローチの仕方に違いがあるが、宗教には人間の問題万般《ばんぱん》の解決に係わるという本質的性格がある以上、宗教から様々な領域が分化・独立したとしても、宗教自体はそれらの領域を失ったわけではない。医学が独立したからといって、宗教が病の解決を放棄したわけではない。「生老病死《しょうびょうろうし》は苦である」というのは、仏教の出発点であって、これは現在でも少しも変わりはない。法律学が独立しても、人間が生きていく上での宗教独自の規範を示すことは、宗教の重要な分野である。演劇が独立した分野を形成した現在でも、宗教的儀礼にはその演劇的性格を保持し続けているものがある。寺院の拝観行為の宗教的意味を理解するには、まず、宗教のこのような複合的性格を、理解しておくことが重要である。

プロテスタントの宗教観

しかし、現代では宗教の本質を内面の信仰や、教義に限定して捉《とら》える宗教観が広く普及している。これはプロテスタントによる宗教改革とその宗教観が、一時期世界を席巻《せっけん》したことに由来するところが大きい。マルティン・ルターの内心の「信仰（によって）のみ」人は救いに預かることが出来るという彼の回心から、宗教改革が始まったことは、よく知られている。その宗教観から、伝統的カトリックに見られる呪術《じゅじゅつ》的要素や外面的・形式的な要素を排除する改革運動が展開された。ツヴィングリに指導されたスイス・チューリッヒの宗教改革は、カトリック教会で見られる聖書の物語を描いたステンドグラスや、柱の彫刻などを破壊することから始まったといわれる。プロテスタントは多くの教派に別れ、最もカトリックに近いといわれる聖公会《せいこうかい》（英国国教会）の教会には、教会の装飾なども保存されているが、多くのプロテスタント教会には、これらの装飾はなく、聖職者の服装も職階によるきらびやかな式服ではなく、黒一色、詰め襟《えり》の式服であり、信者達が賛美歌を歌い、共同礼拝を行うなどの形が見られる。しかし、もっと急進的な教派では、信仰の本質は「神と私」の一対一の関係であるとして、共同礼拝も形式的であるとして、何の装飾もない教室のような教会で、一人祈りを捧《ささ》げることのみを認める教派もある。教派という集団そのものも非本質的なものであるが、必要悪として教派の存在を認めるという教派もある。

このような改革は、近代における宗教の合理化、本質の見極めの上で、大きな役割を果たし、その貢献は否定すべくもないのであるが、その一方で、削《そ》ぎ落とされた宗教の外形的諸要素が信仰形成の上で果たしている重要な宗教的働きを見えなくしてしまった罪もある。内心の信仰が宗教の本質であることに間違いはないが、外形的、非本質的なものとみなされてきた宗教の諸要素が、内心の信仰を形成するために、本質的に重要な役割を担っていることは、近年ますます明らかになってきているのであって、世界的に著名なプロテスタント神学者でさえ、現代の神話の必要性を説くに至っているのである。寺院の拝観行為に対して、こんなものは宗教とはいえない、ただの世俗的な観光や見世物に過ぎず、お寺の金儲《かねもう》けの手段だとする、世間のいわゆる「常識的意識」も、近代に普及した宗教を内心の信仰や教義に限定する偏《かたよ》った宗教観の影響下に生じたものというべきである。

宗教はシンボルの体系である

拝観行為は宗教であると主張してきた寺院の当事者の中にも、「仏教が本来提供すべきものは（拝観とは）別にある」として、教義を中心とする限定的宗教観の影響を受け、信仰（悟り）や説法が本来的なものであると考え、拝観の位置づけが正確に出来ない人もいたように思われる。確かに寺院が提供できる活動は、仏像や絵画、建築、庭園などの拝観に限られるものではない。拝観行為は、説法や坐禅等の修行、儀式、行事への参加などの多様な活動の一つに過ぎないし、内心に形成される信仰（悟り）が提供すべきものの中核であることも間違いない。

人間は何かの事物を他者に伝えようとするときに、言語によって伝達するという優れたコミュニケーション手段を持っている。しかし、言語による伝達は、送り手と受け手に共通の体験があることを前提としている。内心に形成される信仰（悟り）は、外部から直接見ることの出来ないものであり、これを言葉で説明しても、宗教体験が非日常的でかつ特殊な体験であるが故に、言語化することが出来ないことが多く、完全に伝達することは不可能に近い。概念化することが困難な微妙な感情や心情などを他者に伝えようとするとき、人間は小説や演劇などのように、概念や論理で説明する代わりに、その心情が起きた状況を描写して、受け手をその世界に誘い込み、読者自身にその状況を追体験させることで伝達する。原始宗教が言語による宗教の伝達として神話という物語でこれを伝えようとしたことには理由があるのである。人間が知的動物であるが故に、論理的、理性的に納得したいという欲求に応《こた》えて、多くの宗教は、何とか論理的整合性のある体系的教義を試みてきたが、それはしばしば禅問答のように論理的飛躍《ひやく》や矛盾《むじゅん》を含んだ表現にならざるを得ないことになっている。かりにその説明に理性的に納得出来たとしても、それだけでは受け手の心に信仰が形成されることはまずない。そのことからも、受け身の言語的伝達では不充分であることが分かる。禅には「教は指月《しげつ》の指《ゆび》」という言葉がある。仏教の真理は天に浮かぶ月のようなものであり、言葉による教え（教義）は「あれが月だよ」と指さしている指のようなものに過ぎない、月そのものは、その指を手がかりにして本人が自ら体得するほかに道はないということを述べたものである。

キリスト教は、「我は〜を信ずる」といった信仰告白など、言語を中心とする宗教であり、修行という観念はない。しかし、多くのクリスチャンは教会の礼拝に通わなければ信仰が駄目になるということをよく口にする。修行の観念はなくても、教会に行って共同の礼拝に参加することが、事実上は修行的効果を持っているということである。もっとも、言語を通してしまうと信仰を得られないというわけではない。教義を巡《めぐ》り、主体的・能動的に思索《しさく》を重ねたり、神を心に描いて懸命な祈りを重ねたりすれば、その能動的、主体的な内心の活動は、心に何らかの体験を伴うものであって、その主体的体験が信仰を生み出す。しかし、それはかなり厳しい道であり、基本的に一般の信者には困難な道である。そこで、宗教は信仰の世界を感じ取らせ、体験を誘発する様々なシンボル装置を持っているのである。ほとんどの宗教が、儀礼、儀式、行事を行っているのも、そのためである。儀式や儀礼は、形式的で無意味な付属物にすぎないように思われがちであるが、決して無意味なものではない。儀式に参加すれば、単に受動的に座っているだけではなく、儀式の進行に応じて、礼拝その他の何らかの行為をするように仕向けられる。能動的な身体的動きと、そこに生ずる肉体的な感覚には、それなりの体験を伴《ともな》う。その実践《じっせん》に伴う主体的体験こそが、宗教の特性である内心の実感性を形成するのである。

この点で、宗教やイデオロギーは自然科学などの学問的知識とは、決定的に異なっている。科学的知識は、多くの検証を経た普遍妥当《ふへんだとう》性の故《ゆえ》に、人が何かをなそうとするときに、有用な道しるべを与えてくれる。しかし、その知識を正しく理解したとしても、その知識自体によって人が行動に駆り立てられることはない。あくまで何らかの動機により、人が何かをしようとするときに、これを正しく成し遂げるための有用な道具となるに過ぎない。これに対して、宗教やイデオロギーは、これを受け入れた場合には、何かをしなければならないという動機付けが生じ、人を行動、実践に駆り立てる。宗教やイデオロギーの知識は、単に理性によって知的に納得するレベルに止まるものではなく、感覚的、感情的、意志的な全人格のレベルで実感的に受け取られているから、人を行動に駆り立て、実践へと動機づけるのである。

寺院の拝観行為も、受動的に説法《せっぽう》を聞くだけでは得られない、主体的体験を誘発するためのシンボル装置の一つなのである。このことを拝観者を受け入れる寺院の当事者・僧侶自身がよく自覚しておくことが重要である。

日本人の宗教意識

もう一つ、儀礼や拝観などの非言語的シンボル装置について、理解しておくべきことがある。教義や説法など、言語を用いた宗教の伝達は、知性に働きかけるので、受け手の意識に明白に自覚される。これに対して、儀礼（儀式、祭、修行などを含む）や拝観などの非言語的宗教の伝達は、感覚、感情などの無意識的レベルに働きかけるので、受け手に意識化されにくいのである。事実、拝観を終えた参拝者も、何か宗教的な行為を行ったという自覚は無い場合がほとんどであろう。しかし、この無意識レベルで形成された宗教体験は大変根強いものである。そのことは、ほとんど教義というべきものを持たない神社神道《じんじゃしんとう》などによく現れている。神社では説教等は行われず、一般人が触れるものは、神社の祭などに限られている。しかし、そこでは耳をつんざく太鼓の響《ひび》きや、肩に食い込む神輿《みこし》の重さ、他の町の神輿との激しいぶつかり合いなどの強烈な体験をしている。当事者も、意識の上では神社というより、町の祭ぐらいに考えている。しかし、このような無意識的体験を通じて自分が集団の一員であるということを実感的に感じ取り、自己の位置づけを確立することになる。それが七五三や初詣《はつもうで》などの神参りの実践に繋《つな》がり、神信仰の伝統を歴史を通して根強く生き残らせている。参拝に来ている当人も特にご祭神に対する信仰だという意識は持っていないのだが、初詣をしないとその年に何か悪いことがあったら後悔するからという漠然《ばくぜん》とした不安を抱いている人は、結構多い。だから、厄年《やくどし》にはわざわざ遠くの厄除《よ》けの神様に参拝する人も多い。そんなものは宗教ではないという人もいるが、このような情緒《じょうちょ》的不安の解消が、宗教の大きな働きであることは、一九三〇年代に、トロブリアンド島の原始宗教の研究をしたマリノフスキーによって明らかにされているのであって、これを宗教でないとすれば説明のつかないものである。このような無自覚的宗教行動は、何も神道に限ったものではない。原始宗教段階から、連続的に発展してきた道教やヒンドゥー教にも共通して見られるのである。

仏教は神社神道とは違い、立派な教義の体系を持つ宗教である。そして、鎌倉期くらいまでは、説法による伝道も活発に行ってきた宗教である。しかし、日本社会に定着する過程で、在来の神道やシャーマニズムなどとの習合《しゅうごう》が進み、特に徳川期には切支丹禁制《きりしたんきんせい》との関係で、寺壇《じだん》制度が固定化され、布教伝道の気運は衰《おとろ》え、葬儀を中心とする儀礼の執行が、寺院の中心的活動になってしまった。

それ故、日本人の宗教は人生の節目に行われる通過儀礼（お宮参り、七五三、葬式、初七日《しょなのか》以降の法事など）や年中行事（初詣、お彼岸《ひがん》、お盆など）という儀礼を中心とする宗教になっている。それはこれを行っている本人にも、宗教行為を行っているという自覚のないものなのである。だから、宗教意識調査を行えば、自分は無宗教だと回答する人が、七割にも上る。その事実を捉えて、日本人は非宗教的民族だと評する人もいるが、日本人の宗教を意識レベルではなく、行動レベルで調査すれば、ほとんどの人が、墓参りや法事など宗教としか解釈の出来ない宗教行動を無自覚的に行っているのである。これを世俗化の進んだ現代の世界レベルで比較すると、日本人は、発展途上の国々ほど宗教的であるとは言えないが、先進国の中では、アメリカに次いで宗教的であり、多くのヨーロッパの国々の方が世俗化が進んでいると考えられる。日本の宗教的レベルはそのような位置にあると言えるだろう。

拝観寺院に求められるもの

何よりも、拝観者を受け入れている寺院関係者は、拝観行為が上記のような宗教的意義を持つものであるということを、十分に理解していることが重要であろう。拝観行為によって形成されるものは、心の無意識的深層に出来る仏教的情操《じょうそう》である。それは無自覚的なものであるから、直《ただ》ちに宗門に対する意識的信仰に結びつくわけではない。それを意識的な宗門への信仰に結びつけるためには、やはり、言語的説法などにより、方向付けを補ってやる必要がある。しかし、自宗門の信者を獲得しようというのではなく、日本の中に根強い仏教の基盤が出来れば良い、意識的信仰は他宗門との分業でも良いという考えであれば、あえて拝観のプロセスに説法などを組込まなければならないというわけではない。拝観が、受動的《じゆどう》聞法《もんぼう》では単なる知識にしかならないものを血肉化《けつにくか》して宗教を宗教たらしめる重要な体験を誘発するシンボル装置であることを自覚して、自信を持って、いかにすれば参拝者に宗教的体験を経験して貰《もら》えるかに、意を用いることが大切であろう。

多くの拝観者が押しかける寺院にあっては、世俗の日常とは異なる仏教的空間を、どのように提供できるのか、必ずしも容易ではないかも知れない。近年、観光業者が多数の拝観者を効率的に捌《さば》く様々なグッズを採用するよう勧誘することがあるようだが、それによって仏教的空間が損なわれるようであれば、そのような話に乗るのは自殺行為である。拝観者を僧侶自身が案内し、本堂ではご本尊に手を合わせ、礼拝してから説明し、拝観者にも拝礼して貰うことが出来れば最も良いのだろうが、拝観者の多さと寺院関係者の人手が不足して、それは現実的では無いかも知れない。たとえ、人手による案内が無理だとしても、仏教的空間を肌身に感じて貰い、何らかの宗教的感覚を体験して貰うことが眼目《がんもく》であるので、その雰囲気を維持することが大切である。

カトリックの教会を思い浮かべてみよう。やや薄暗い空間に聖書の物語を描いたステンドグラスから明かりが差し込み、柱にも多くの彫刻がされていて、いかにも世俗の日常から、異次元の世界に入ったことを感じさせる。さらにパイプオルガンの響きなどが流れていれば、より効果的に宗教の世界に導かれるだろう。そのような例を参考に、仏教空間をいかに感じさせることが出来るか、それぞれの工夫を試《こころ》みるべきではないか。禅の庭園などでは、いかにすれば、静寂《せいじゃく》を維持できるのか、本尊を安置する本堂はあまり明るくて開放的でない方が良くはないのか、そこには読経の声や声明《しょうみょう》などが流れている方が良くはないか、極楽をイメージした庭園であれば、雅楽《ががく》の音があるのはどうだろうか、あるいは一日に一度は、寺僧《じそう》が集まり、読経・勤行《ごんぎょう》するのはどうだろうか。

拝観者を効率的に捌くことにではなく、それぞれの拝観寺院のご本尊や、由来・特性に鑑《かんが》み、どうすれば拝観者の視覚、聴覚、嗅覚、全身の感覚に訴えて、仏教の世界を体験して貰うことが出来るのか、そこに祈りをこめて提供者の創意・工夫を凝《こ》らして貰いたい。それが拝観行為を宗教たらしめる所以《ゆえん》であろう。

コラム1　拝観制度の成立

寺院への参詣《さんけい》が庶民的な広がりを見せたのは江戸時代である。交通手段の発達によって人々の行動範囲が広まり、名所旧跡への旅が活発に行われるようになった。しかし、定額の拝観料を納めて寺院に拝観することが一般化したのは明治以降である。そのきっかけは、明治初頭から国内で盛んに催された博覧会であったと考えられる。

国内の博覧会は、慶応《けいおう》三年（一八六七）の第二回パリ万国博覧会など、幕末維新期に日本が参加した国際博覧会での見聞が引き金となって開催されるようになった。京都では、明治四年（一八七一）に西本願寺で国内初となる博覧会が開催され、明治五年三月には西本願寺・知恩院・建仁寺《けんにんじ》において京都博覧会社主催による第一回京都博覧会が行われている。寺院を会場とする博覧会において入場料を設定したことが、拝観料という形で布施《ふせ》を定額化する仕組みの構築につながったのではないだろうか。

明治三十年代に入り、明治初年の上知令や地租改正によって悪化した社寺財政の救済のために、古社寺保存法を制定するなどの社寺保護政策を政府は展開するが、その政策の一環として拝観料に関わる内容の内務省令第六号が明治三十一年（一八九八）七月七日に出された。その第一条・第二条を以下に引用する。（原文のカタカナをひらがなに改め、句読点・ルビを入れた）

第一条　神社寺院及ひ仏堂は、任意の賽物《さいもつ》の外、参拝者に対し何等の名義を以《もつ》てするに拘《かか》はらす、参拝せしむる為《た》め特に料金を徴収することを得す。
第二条　神社寺院及ひ仏堂にして、其《そ》の殿堂、庭園、什宝《じゅうほう》等を観覧せしむるか為め、
料金を徴収せんとするときは、地方長官の許可を受くへし。

第一条では、参拝者から賽銭《さいせん》以外の料金を徴収してはならないこと、第二条では、殿堂・庭園・什宝などの観覧者から料金を徴収するときには、地方長官（現在の都道府県知事）の許可を受けなければならないことが定められている。

内務省令第六号は、社寺が拝観収入を得ることの促進を目指したものであるが、それと同時に拝観に関する許認可権（拝観料の増額は認可が必要）を地方行政が掌握する結果をもたらした。公権力によって、拝観はまさに制度化されたのである。

また、社寺の拝観者を参拝者と観覧者の二種類に切り分けて、観覧者からの料金徴収のみを内務省令第六号は認めている。このような考え方は、拝観には仏教を信仰する側面と文化財を鑑賞する側面があるとした昭和五十九年（一九八四）三月三十日の古都税訴訟京都地裁判決につながるものと評価できるだろう。

（藤田和敏）

2　古都税問題の税法学的考察

田中　治（同志社大学法学部教授）

はじめに

本稿は、昭和六十年（一九八五）から同六十三年までの間京都市において施行された古都税につき、現時点からみて、税法学上、どのように位置づけることができるか、を考察する。

かつて筆者は、古都税紛争が終結した後、「古都保存協力税の法構造と問題点」という論考において、古都税の法構造とその問題点を詳細に検討したことがある。その論考は、①古都税の概要とその特徴、②課税の根拠と租税法律主義、③目的税的運用の当否、④特別徴収義務の法的性格、⑤信教の自由と古都税、の各章から構成されている。この論考を改めて読み直したとき、そこでの検討や主張の相当部分は、今日においても当てはまるものと考える。

このように考えると、本稿は、上記の論考における検討に、取り立てて新しい考え方を付け加えるものではなく、また、そこでの見解、考え方を改めるというものでもない。このように、第一に、本稿での検討は、基本的に、上記の論考における叙述を要約するという性格が強くなることをあらかじめお断りしたい。

第二に、将来において、かつての古都税紛争と同様の事態が生じるとは必ずしも思えないが、今日の時点において、税法の観点から古都税問題の意味や教訓は何かについて述べたい。

古都税の仕組みと特徴

導入時、古都税の性格についてはほとんど十分な議論はなかったが、租税分類論の観点からは、古都税は「直接消費税《ちょくせつしょうひぜい》」ということができる。直接消費税は、間接消費税《かんせつしょうひぜい》とは区別される。間接消費税（酒税、消費税等）は、法律上の納税者（酒類の製造者、事業者等）と実際の担税者《たんぜいしゃ》（消費者等）が異なることを立法者があらかじめ予定する税である。この場合、納税者は、その税負担を物やサービスの販売等を通して転嫁《てんか》することになるが、転嫁の権利や義務が存在するものではなく、その転嫁の実態は経済的な市場の力関係によって違ってくる。

他方、直接消費税は、法律上の納税者とその実際の負担者が一致することを立法者が予定する税である。他の例としては、ゴルフ場利用税（道府県税、地方税法七五条以下）、入湯税《にゅうとうぜい》（市町村税、同七〇一条以下）を挙げることができる。これらの直接消費税においては、納税者は、ゴルフ場の利用者、入湯客等である。その税負担は当該納税者の負担にとどまり、別の者にこれを転嫁するということは想定できない。これらの税目においては、納税者が直接県庁や市役所等に足を運んで当該税額を納付するという仕組みは採用されていない。この場合、当該税目を徴収する上で便宜を有する者（ゴルフ場の経営者、浴場の経営者等）が、条例上、特別徴収義務者《とくべつちょうしゅうぎむしゃ》に指定されるとともに、当該利用者等から徴収すべき税額を徴収し、これを地方公共団体に納入する義務を課されている。

上記のゴルフ場利用税等は、地方税法に定められた直接消費税である。他方、古都税は、地方税法に定めのない法定外税《ほうていがいぜい》として、特別に京都市において定められたものであるが、以下に概観するように、古都税の制度は、直接消費税の一種として、ゴルフ場利用税等と基本的に同じ仕組みから成り立っている。

（1）納税義務者　古都税の納税義務者は、文化財の観賞者である（四条）。文化財とは、「別表」に掲げる社寺等の敷地内に所在する建造物、庭園その他の有形の文化財で、拝観料その他何らの名義をもってするを問わず、その観賞について対価の支払を要することとされているものをいう（二条）。「別表」（掲出は省略）には、四〇の社寺が列挙されている。

（2）課税対象　古都税の課税対象は、文化財の観賞（行為）である（四条）。ただし、文化財の観賞のうち、勤行《ごんぎょう》、読経《どきょう》、供養《くよう》等信仰のために参詣《さんけい》する信者で別に定めるものが対価を支払わないで行う文化財の観賞等は、非課税である（五条）。

（3）課税標準《かぜいひょうじゅん》・税率　古都税の課税標準は、文化財の観賞回数である。これに観賞者一人につき五〇円（小中学生は三〇円）の税率を適用して税額を計算する。税額は、各社寺ごとに、その文化財を観賞するごとに計算される（六条）。

（4）徴収方法　古都税の徴収は特別徴収の方法によって行われる（七条）。すなわち、文化財を観賞に供する者（社寺等）で市長が指定したものは、観賞券を観賞者に交付する際に古都税を徴収し、徴収した税額を所定の期日までに申告納入《しんこくのうにゅう》する義務を負う（八条、一〇条、一一条）。特別徴収義務者はまた、切り取った観賞券の一部を二日間保存する義務（一五条）、観賞者数、観賞券の用紙の受入数、交付数等について帳簿に記載するとともに、これを三年間保存する義務（一七条）を負っている。

古都税の納税義務者と課税対象

上にみたように、一般に、古都税は、有償の文化財観賞行為に対して課する直接消費税ということができる。

第一に、社寺における拝観や参拝を「文化財の観賞行為」とすることについては、文化等の観点からみた定義であるにすぎないとの説明も不可能とはいえないが、宗教の意義やその存在理由からみると、このような理解には相当の問題がある。これについては後に改めて検討する。

第二に、税の問題として考えた場合、古都税は、課税対象につき、何をもって担税力《たんぜいりょく》があると考えているかは、不明である。条例の制定時において、課税対象に担税力があるかどうかについて議論がなされたようには見えない。

古都税紛争を取り扱った昭和五十九年の京都地裁判決は、信教の自由の侵害の有無の文脈においてであるが、「本税が、有償で行う文化財の観賞という行為の客観的、外形的側面に担税力を見出して、観賞者の内心にかかわりなく一律に本税を課すものであること、本税の税額が現在の物価水準からして僅少《きんしょう》であることなどに鑑《かんが》みると」、などと述べている。判決は、文化財の観賞行為が「有償」であることを担税力の根拠とする。また、税額（正確には「税率」というべきであろ）が五〇円と僅少であるともいう。しかしながら、判決のこのような理解は、事実と課税の論理の双方において、相当の問題を含んでいる。

一つは、拝観料が十分な担税力を持つといいうるかである。判決は、税率が僅少であると断定するものの、拝観料そのものが高額であるとか、奢侈的《しゃしてき》な金額であるとかの認定をしていないことに注意する必要がある。当時、拝観者数の最も多い清水寺は、拝観料（入山料）一〇〇円であり、あるいは当時の有料拝観寺院の平均拝観料は二四九円であった。この程度の拝観料の大きさをもって、参拝者等の拝観料の支払につき担税力があるということはおそらくできないと思われる。物価水準からみて五〇円の税額が僅少であるというのであれば、おそらく一〇〇円の拝観料もまた僅少というべきであろう。このように考えると、問題の拝観料は、有償ではあるが担税力は持たないということになる。

判決はこのように、拝観料が有償であるというのみで担税力の存否には直接触れることなく、適用されるべき税率（五〇円）が小額であることを強調する。判決は、適用されるべき税率（「観賞一回につき五〇円」）と税額（観賞回数に税率を適用した後に得られる税額）とをきちんと区分できていない。しかしながら、担税力の存否と個々の納税者の負担の軽重とはそれぞれ別の次元の問題である。税制を基礎付けあるいはこれを正当化する上では、何をもって担税力があるとするかが問われる。

二つは、それでは、古都税においては何を担税力と考えるかである。おそらくそれは、個々の拝観料の多寡《たか》ではなく、拝観料の支払をも含む、京都市内における観光客の支出総額であろう。このように考えてこそ、五〇〇円の拝観料を収受する社寺も、一〇〇円の拝観料を収受する社寺も、当該拝観料の金額を課税標準とすることなく、いずれも観賞一回につき五〇円の税率を課すことの意味が明確になる。この論理でいえば、一〇円の拝観料を収受する社寺においても、その観賞一回につき五〇円の税率をかけて、古都税を五〇円支払うべきことになる（現実には、このようなことはないであろうが）。この考え方は、先に触れた入湯税と同様のものである。

入湯税については、鉱泉浴場での入湯行為は、通常これに付随《ふずい》して旅館等への宿泊、飲食、遊興等がなされ、奢侈的支出がなされるであろうことが予測されるところから、このように想定された奢侈的行為に担税力を認めて課税するものと説明される。

このように、古都税の担税力は、個々の拝観料の支払に求められるべきものではない。それは、入湯税と同様に、観光客等の一定の支出の背後にあるはずの高額な、奢侈的な消費支出の総体に求められるものである。現実の古都税の立法過程において、古都税の担税力に関してどのような基本認識がなされ、どのような議論があったかは全然明らかではない。また、担税力の議論は、誰が、どのようにして、税を納めるかという徴収方法とも深く関連するところである。もし、十分な担税力の認識や議論を欠いたままで古都税を作ったのであれば、それは徴税の目的や便宜に傾斜《けいしゃ》した、結論ありきの無謀な試みであったと批判されてもやむをえないであろう。

古都税の徴収方法の問題点

特別徴収とは、地方税法上、地方税の徴収について便宜を有する者にこれを徴収させ、かつその徴収すべき税金を納入させることをいい、その義務を負う者を特別徴収義務者という（地方税法一条一項九号、一〇号）。このようにして、古都税においては、特定の社寺が特別徴収義務者として特別徴収をした後、当該社寺がこれを申告納入することとされている。

第一に、古都税の賦課《ふか》徴収において、社寺が徴収の「便宜を有する者」に当たるか否かは、古都税の特徴をどのように考えるかによって左右される。すでに述べたように、古都税が基本的には京都市における観光客の支出総額の存在を課税の根拠とするならば、立法論としては、その支出総額に占める拝観料の割合、課税によって抑制されるかもしれない消費行為の性格等を十分に検討した上で、本来の納税義務者である観光客に対する最も合理的な徴税手続を整備することが不可欠というべきである。

問題は、単に拝観料を徴収する恒常的な収納機構《しゅうのうきこう》を社寺が備えているというだけの理由で古都税の特別徴収義務が課されたかどうかである。もしそうであれば、それはきわめて安易で、不合理なものといわざるをえない。観光客の消費能力の総体に担税力を見出す以上、拝観料を収受しているという一事をもって、観光客の消費能力への課税を社寺が担うべき義務は当然には生じないからである。特別徴収義務者としての適格性という点では、社寺が門前業者その他の観光業者以上の適格性を当然に持つ、ということはできないであろう。

このように考えると、古都税の立法者は、拝観料収受に係る安定的かつ恒常的な収納機構を徴税機構として転用ないし併用するために、拝観料の支払という事実を課税要件とする税条例を制定したということができるかもしれない。もしそうであるとすれば、それは、課税関係における論理の逆転ないし不整合というべきであり、そのような仕組みの存在自体が問われることになる。

第二に、古都税の特別徴収義務者を社寺に、しかも特定の社寺に限定したことについては、後に触れる信教の自由（憲法二〇条）の侵害以外にも、平等条項（同一四条）および財産権条項（同二九条）の侵害の点からも問題になりうる。

古都税の担税力を広く観光客の消費総額、支出総額に求める立場からは、安定的、恒常的な拝観料の収納機構があるというだけで、古都税の特別徴収義務を社寺に負わせる場合には、まず民間の門前業者、観光業者等は、観光客との関係において、古都税の徴収の便宜はないのか、が問題となる。もしこれらにそれなりの便宜があるとすれば、なぜ社寺にのみ、その便宜性を強調し限定することができるのかが問題となりうる。次に、社寺に、あるいは特定の社寺に限って、特別徴収義務を負わせる場合は、それは特別の犠牲を強いるものであって、これに対して何らの補償措置を古都税条例が設けていないことの理由が問われる。社寺に対して課される特別徴収義務が特別の犠牲であるとすれば、それに対して補償を要すべきことになる。

古都税問題と信教の自由

古都税は、対価の支払を要する一定の社寺等の文化財の観賞に対し、その観賞者から所定の税額を徴収することを一定の社寺に義務づけるものである。古都税は、社寺等の建造物、庭園等を「文化財」と位置づけ、社寺への参拝客はこれを「観賞」し、かつその観賞について「対価」を支払う、とするところに特徴がある。

このような規定の仕方は、憲法上の信教の自由への抵触《ていしょく》を避けるために慎重に選ばれたものと思われるが、そもそもの事実認識および前提として、社寺の拝観料が文化財の対価なのかどうかが問題である。古都税紛争において、寺院側は拝観料は観賞の対象ではないと主張したが、裁判所はこの見解を退けた。

この問題は、結局のところ、対価とは何か、という話になる。一般に承認されているところでは、対価とは給付に対する反対給付であるとされる。これは要するに、一方が財やサービスを販売する際には、これに見合う合理的な負担を他方がするという関係を意味すると考えてよい。このように、普通の合理的な経済取引においてその代価として受け取ったものを対価というのであれば、拝観料は、対価性を欠いているといわざるをえない。一般に拝観料は、その根底に参拝客による喜捨《きしゃ》という性格を持つからである。このような考え方が、宗教活動に対する原理的、原則的な考え方であるべきであろう。

現に、昭和六十三年、消費税を導入する直前に開かれた日本宗教連盟主催の「第五回宗教と税制シンポジウム」においては、席上、大蔵省主税局税務課長は、本来的な宗教活動から生じる収入は、対価性がなく、消費税法の要件を満たさないので消費税はかからない旨を明言している。もし仮に、このような見解を古都税紛争時の条例制定者が持っていれば、あの不幸な対立と混乱は避けることができたであろう。

とはいえ、課税における対価概念は、古都税条例の廃止で決着がついたかというと、そうではない。これは、今日における税法上の論点の一つであり続けている。

第二に問題になるのは、税負担が小額であるから信教の自由への侵害はない、とする論理である。これに対しては、信教の自由の観点からは、量的な軽重の問題ではなく、宗教行為への抑制それ自体が違憲の疑いのあるものとする批判が強い。現に、古都税の裁判においては、原告の側からは、課税を免れるためには拝観を断念せざるをえないのであるから、古都税は内心の信仰に対する直接の規制的効果をもたらすものというべきものであって、これは税額の多寡にかかわらず許されない、などの批判がなされた。

次に、税額の軽重、多寡の議論に進む場合には、個別具体的な検証が必要になる。一回の観賞について五〇円の税負担というのは、一見すると小さいように見える。あるいは、すでに触れたように、古都税の担税力を観光客の消費能力、支出総額と考えるならば、この程度の税負担はそれほどの抑止効果《よくしこうか》を持たないように見えるかもしれない。しかしながら、すでに触れた古都税の課税の仕組みの下では、五〇〇円の拝観料支払についても五〇円の負担を求めるとともに、一〇〇円の拝観料の場合も同様に五〇円の負担を求めることとされている。両者を比較した場合、古都税が拝観に与える抑止効果は、おそらく後者にとってより大きくなるであろう。このように、古都税自体が拝観料の大きさを課税標準としないため、納税者である参拝者が負担すべき税額が拝観に与える抑止効果は、それぞれの社寺によって種々であって、個別の検証が必要となる。このように考えると、単純に、税額が小額であれば信教の自由への侵害はないと断定することは相当ではない。

第三に問題となるのは、文化財の観賞行為の持つ宗教的本質は、課税の有無とは無関係であって、課税によって侵されたり、奪われたりするものではないとして、古都税の課税を正当化する論理である。古都税に関する昭和五十九年の京都地裁判決はこのような考え方を示している。しかしながら、この論理は、課税による信教の自由の具体的な侵害の程度や態様《たいよう》を検証することを否定するとともに、その否定を正当化するために、信仰心の絶対性、堅忍不抜《けんにんふばつ》性を言挙《ことあ》げするにすぎないものである。この論理が、課税によって奪いえない宗教的本質として、内心の信仰があり、課税はこれを侵すことができないという文脈で述べられるのであれば、それはその限りで正当であろう。しかし、そうではなく、課税の態様は、信教の自由のありようを左右することはなく、全く無関係であるという文脈で用いられるとすれば、それは信教の自由を空文化し、租税立法による抑制機能の全てを容認する結果を招くことになる。

担税力の存在と徴収方法

すでに見たように、古都税は、ゴルフ場利用税、入湯税と同様に、直接消費税の特徴を備えた税目である。そうであるとすれば、それにふさわしい形で、課税の形態を整える必要がある。ところが、古都税については、このような慎重な立法の手順を踏んだ形跡がない。

入湯税を例にとると、すでに述べたように、入湯税は、入湯客の比較的大きな支出行為（宿泊、飲食、遊興《ゆうきょう》等）に担税力があるとみて、これに対して徴収の便宜を有する者に特別徴収義務を課すことによって税収を確保するものである。古都税の場合において、一定の社寺には古都税の徴収の便宜があると当然にいいうるのか。

ゴルフ場利用税や入湯税と古都税との間には、超えがたい大きな違いがある。一つは、入湯税等の場合は、徴収義務者（旅館、ゴルフ場経営者等）が提供する役務《えきむ》と相手方（利用者等）が支払う対価は、経済合理性があり、対価関係の下にあるということである。そうであるからこそ、その対価関係を利用して、それに上乗せする形で、あたかも対価の上乗せの外観すら漂《ただよ》わせて、相手方に支払を求めうることになる。このような形であるからこそ、相手方は、それほど大きな抵抗や無理をすることなく、所定の税額を支払うことになる。

これに対して、すでに述べたように、拝観料は、対価関係の下にはない。そうでないにもかかわらず、一定の社寺に古都税の特別徴収義務を課すことは、社寺の持つ、拝観料収納機構を便宜的に徴税機構として機能させることを意味する。これは、徴税の便宜ある者（対価関係の下で、一定の金員を対価として当然に受領する権利がある者）に対して、その便宜性に課税団体が依拠し、これを利用するために特別徴収義務を課すという、本来の特別徴収義務の範囲を明らかに超えるものである。古都税においては、社寺が持つ拝観料の収納機構（これは、喜捨された金員を収納し管理する組織というべきであろう）を徴税機構として、転用、併用しようとしたものであって、いわば目的外《もくてきがい》利用《りよう》であって、許されるべきものではない。

二つは、このような徴税機構としての利用は、国家の徴税組織の一環をなすものであって、宗教法人は、その社会的役割や存在理由からみて、最も異質で、遠い位置にあるというべきであろう。このような事態は、政教分離《せいきょうぶんり》の原則からみても相当の問題がある。確かに、宗教法人であっても、それが雇用している職員に対して支払う給与については、源泉徴収義務《げんせんちょうしゅうぎむ》を負っている。しかしながら、この場合、宗教法人による源泉徴収義務の履行《りこう》は、給与所得者の納税義務の履行の一環として所定の金員を取り置き、これを翌月納付すべきものとして、雇用者一般に課せられている所得税法上の義務である。その意味では、宗教法人のみに課された特別の税負担ではない。ところが、古都税の特別徴収義務は、社寺が持つ、拝観料収納機構をその目的外である徴税組織として稼働させようとするもので、その限りにおいては、課税権力としての行動を強いられる。このような課税権力としての徴税権の行使は、宗教団体による政治権力の行使に連なりかねないものであって、政教分離の原則からも禁じられているというべきであろう。

おわりに

以上概観したように、京都の社寺を巻き込んだ古都税紛争は、宗教団体と課税権力との関係、地方税として新たな税目を創出する際に考慮すべき事項等について、基本的で重要な問題を提起している。古都税の担税力は何か、およびその徴収の便宜のある者は誰かを考えた場合、一定の消費者等の消費行為にそれなりの担税力があるとしても、対価性の論理から遠く隔たった宗教団体に対して特別徴収義務を課すことは、課税の論理からみても、また、信教の自由、政教分離の観点からみても、到底容認できるものではない。将来、この種の紛争が生じることを防ぐためには、担税力の存否と税の徴収方法に関する冷静な分析とともに、憲法的価値に関する緊張感の保持が不可欠であろう。

参考文献

田中治「古都保存協力税の法構造と問題点」(京都仏教会編『古都税反対運動の軌跡と展望』第一法規出版、一九八八年)

田中治「消費税と宗教活動」(京都仏教会『会報』四六号、一九八九年)

田中治「宗教法人と税制—課税がないことの法的意味」(水野武夫先生古稀記念論文集『行政と国民の権利』法律文化社、二〇一一年)

京都地判昭和五九・三・三〇判時一一一五号五一頁、大阪高判昭和六〇・一一・二九判時一一七八号四八頁

コラム2　京都社寺共通拝観券問題

コラム1で述べたように、明治三十一年（一八九八）の内務省令によって寺院拝観は制度化されたが、地方行政はその制度を寺院に対する保護の側面だけで捉《とら》えていたのではなかった。そのことを昭和の初めに起こった京都社寺共通拝観券問題から考えてみたい。

昭和九年（一九三四）十二月三日、京都市庶務部観光課長より鹿苑寺宛に次のような内容の書簡が出された。すなわち、去る十一月十九日に行われた関係社寺の打ち合わせにおいて、京都拝観社寺組合を組織して共通拝観券を発行することが決定されたので、貴寺においてもぜひ組合にご加入いただきたい、である。この書簡には「京都拝観社寺組合規約」（以下「組合規約」と略）と「京都社寺共通拝観券取扱手続」（以下「取扱手続」と略）が添付されていた。「取扱手続」の要点を挙げれば以下の通りである。

①拝観券の種類は五〇銭券と一円券の二通りとする。
②各社寺における拝観に要する拝観券の枚数は、表1の通りとする。
③社寺の収入は、拝観券五〇銭券一枚につき三五銭とする。
④すでに発売された拝観券は払い戻さないこととする。
⑤拝観券の販売は、日本旅行協会京都出張所・市内乗入郊外電鉄会社・本市内旅館業組合に委託する。
⑥拝観券販売委託者の手数料は、売り上げ高の五パーセントとする。

これらの規定でもっとも問題となるのは、五〇銭の共通拝観券に対する社寺収入を三五銭としたことであろう。社寺の収入は七〇パーセント、共通拝観券発売受託者の手数料が五パーセントであり、残りの二五パーセントが京都拝観社寺組合の収入ということになるが、京都市はその使途を明示しなかったのである。

十二月七日に、鹿苑寺は次のような内容の返書を京都市に送った。

「京都拝観社寺組合を組織し、共通拝観券を発行することについてお知らせいただいたことは感謝申し上げる。ただちに『組合規約』と『取扱手続』を閲読《えつどく》したが、先に提出した意見

表1　京都拝観社寺組合社寺一覧表

社寺名	枚数	社寺名	枚数
平安神宮	2	銀閣寺	大人4 小人2
乃木神社	1	大徳寺	2
北野神社	2	本能寺	2
三十三間堂	大人4 小人2	仁和寺	大人4 小人2
方広寺	大人2 小人1	龍安寺	大人2 小人1
智積院	大人2 小人1	広隆寺	大人6 小人3
養源院	大人2 小人1	西芳寺	4
妙法院門跡	大人2 小人1	天龍寺	大人2 小人1
大興徳院	大人2 小人1	金閣寺	4
烏寺専定寺	2	等持院	大人2 小人1
高台寺	2	京都善光寺	2
知恩院	大人2 小人1	三宝院	大人6 小人3
永観堂	1	勧修寺	大人6 小人2
青蓮院	大人2 小人1	安楽寺	大人2 小人1
植髪堂	2	法観寺	1
南禅寺	大人2 小人1		

が全く採用されておらず、よって異存の点が多々ある。特に、当寺が規定している二種類の拝観料のうち、もっとも多数を占める一般拝観料が三割減額されることについては、数年来拝観者が激減していることから、むしろ増額の請願を考えていたところであり。到底耐えることはできない。また、社寺門外で土産物のように拝観券を乱売するようなことは、神聖観念・信仰観念をもって参拝すべき社寺の体面上、寒心に堪えない。遺憾《いかん》ながら当寺は組合に参加することはできない」

檀家がほとんどなく、拝観料を唯一の維持財源とする鹿苑寺にとって、拝観料の減額は存《そん》立《りつ》基盤の破壊につながるものであり、認めることはできなかった。そして何よりも、拝観行為を見世物として捉え、その宗教性を顧《かえり》みない京都市の認識を鹿苑寺は許容できなかったのである。

（藤田和敏）

3　古都税反対運動を再考する―歪んだ「物語」からの解放と運動の再評価に向けて

田中　滋（龍谷大学社会学部教授）

はじめに

昭和五十七年（一九八二）に京都市が文観税復活を示唆《しさ》して以降、古都税問題は、複雑な経過を辿《たど》って最終的には古都税条例の実質上の廃止（昭和六十三年）で決着する。税条例が反対運動によってその施行半《なか》ばで事実上廃止されるというのは前代未聞《ぜんだいみもん》であるが、その経過は複雑であり、直接の当事者たちは当然であるにしろ、京都市民もその経過に釘付《くぎづ》けにされた。

本稿の目的は、古都税問題終結後三〇年近い歳月が流れた現時点からその複雑な経過を振り返り、古都税問題を宗教と国家・社会との関係という視点の下で再考察することにある。

近代社会の複雑性と古都税問題

古都税問題の複雑な経過の背後にあるのは、近代社会の複雑性そのものである。近代社会には、多様な集団や多様な職業の人びとが存在し、それらの集団や人びとが相互につながりをもって活動しており、そのつながりの多様性が社会を複雑なものにしている。

京都市という地方公共団体ならば、中央省庁からの天下《あまくだ》り官僚《かんりょう》や医師が市長として選出されることがあるように中央や外部世界との一定のつながりがある。京都市が税条例を施行する際には、自治大臣の許可が必要であるのもそのつながりの一つである。

これに対して、京都仏教会は、他府県、他市の仏教会が今でもそうであるように元々はさまざまな宗派の寺院の親睦《しんぼく》団体的な組織であり、全日本仏教会とのつながりもあるが、京都という地域に比較的に閉じた独立の組織である。ただし、京都仏教会の場合、各宗派の本山《ほんざん》が多数加盟しているという京都ならではの特色をもっている。

京都の寺院は、大きく二つに分けられる。一つは、全国から不特定多数の人びとが拝観に訪れる寺院（拝観寺院）であり、もう一つは、檀信徒《だんしんと》が集まる寺院（市中寺院）である。前者では、全国の末寺《まつじ》を束《たば》ねる本山が多いが、後者は数の上では前者を圧倒的に上回っている。

近代社会の複雑性は、〈近代以降のもの〉と〈近代以前からのもの〉という原理や論理を異にする二つのものが並存していることによってもたらされる。明治以降、日本のように急激に近代化が押し進められた国では特にそうである。そして、古都税問題は近代官僚組織（京都市）と伝統仏教寺院という二つのまさに歴史的背景を異にするものが対立した事件でもある。

ステレオタイプ化された物語

複雑な近代社会においては、同じ物事（モノや出来事）あるいは同じ人・集団に対してであっても、それらについての認識（ものの見方）は認識主体の立場などによって違う。「ものの見方」は人によって千差万別であり、その違いが人々の間の相互行為を複雑なものにし、ときにはその相互行為を破綻《はたん》させてしまう。

しかも、「ものの見方」は、必ずしも現実を反映したものではなく、しばしば「思い込み」とも呼べる「ステレオタイプ（紋切《もんき》り型）化」されたものとなっている。人びとの日常生活世界は、ステレオタイプ化された「ものの見方」によって成り立っている。言い換えれば、「Aのような人びとは、Bという動機をもってCという行動に出る。その結果としてDという状況が生まれる」といったいくつものステレオタイプ（人物像、動機、行動、結果など）から構成された「物語」、「ステレオタイプ化された物語」にもとづいて人びとは行動している。

このステレオタイプには、組織・集団に関するもの、職業や人種・民族に関するものなど、多様なものがある。たとえば、行政組織に対しては、形式主義的で杓子定規《しやくしじようぎ》であるといったステレオタイプが見られるし、宗教教団の場合ならば、オウム真理教の地下鉄サリン事件以降では「新宗教教団は何をするか分からない集団である」といったステレオタイプが強化されたりもしている。また、キリスト教系の教団は清貧であるが、仏教系の教団は金もうけに忙しいといったステレオタイプも広く流布《るふ》している。

職業や人種・民族に関するステレオタイプは、組織や集団に対するステレオタイプよりももっと過激な場合がある。たとえば、在日の人びとに対する「ヘイトスピーチ」などは、まさに典型的に悪意に満ちたステレオタイプに彩《いろど》られている。

職業に関しては、本書の証言者の一人でもある西山氏に対して付与されたステレオタイプがまさに典型的なものである。彼は、不動産会社の経営者であるが、彼が古都税問題に関与した動機として語られるのが「欲」（本書一〇三頁）や「面白い事件」（同）であるというのは、彼の職業に対する典型的なステレオタイプを象徴していると言えよう。彼は「よくない男」（本書一五六頁）とまで言われてしまうのである。

これらのステレオタイプがいかに強力に人びとの意識を規定しているのかは、たとえば英雄が戦いに敗れたり、スターのスキャンダルが暴露《ばくろ》されたときの人びとの動揺や、逆に差別されている人びとが称賛すべきことをしたときに人びとが抱く疑念や戸惑《とまど》い（「信じられない！」）を見れば分かる。

ステレオタイプと複雑性の縮減

なぜ人びとは「ステレオタイプ化された物語」にもとづいて行動するのか。それは、そうした「物語」が「思考の節約」になるからである。近代社会を生きる人々は、まさにその近代社会の複雑性を日々生きており、すべての事柄に対して熟慮《じゅくりょ》して行動するという余裕がない。それゆえに、多くの事柄に対して、それらを単純化（ステレオタイプ化）して捉え、「思考の節約」をする。

N・ルーマンは、「複雑性《ふくざつせい》の縮減《しゅくげん》」という概念を用いてこうした現象を説明し、「複雑性の縮減」は人びとの相互行為を安定化させると考えている（ルーマン一九七七）。しかし、必ずしもそうとは言えそうもない。たしかに同質性の高い集団内部においては、「ステレオタイプ化された物語」は相互行為の安定化に寄与するであろうが、その集団外の人びととの相互行為においては、むしろその物語が相互行為の阻害要因《そがい》にすらなる。複雑な近代社会においては多様な人びとが存在し、それらの人びとが相互に矛盾さえするそれぞれの「ステレオタイプ化された物語」にもとづいて行為する。その結果、相互行為は不安定化し、それが社会の複雑性を増大させるというパラドックス（逆説《ぎゃくせつ》）が働くからである。

国家によって公定された「複雑性の縮減」はその影響力の大きさゆえに厄介《やっかい》である。国家がある宗教を「淫祠邪教《いんしじゃきょう》」、現代風に言い換えれば、カルト集団と決めつければ、その考え方は国民の間に浸透《しんとう》し、その宗教を信じる人びとを苦しめ、場合によっては、その宗教を信じる人びとを反体制的活動へと追いやることにもなる。

また、領土問題などでは、国家によるその問題の「複雑性の縮減」、言い換えれば、その地域がその国のものであるという国家によって公定された「物語」は、国民のあいだに学校教育などを通して浸透し、領土問題の相手国の国民と自国民との相互行為を不安定化させる。そして、いざ領土問題の解決に国家が踏み出そうとしても、その物語を信じる世論によって解決が阻止されてしまうということにもなる。

ステレオタイプは、差別を生み出すことによって差別される者を苦しめると同時に、ステレオタイプをもつ人自身を窮地《きゅうち》に追い込むことにもなるのである。古都税問題では、しばしば「ボタンの掛け違い」ということが言われたが、それは、まさにステレオタイプが生み出すパラドックスの見本のようなものである。

そして、人々の間に流布するステレオタイプに迎合《げいごう》し、さらにはそれらのステレオタイプを強化するのが、週刊誌や月刊誌などのマス・メディアである。古都税問題を例に取れば、これらのメディアは、新聞が「継続的に日々の変化を追う」のに比べて、「仏教会の古都税反対の『動機』に触れること」（西川一九九一、六三頁）が多く、人々の間に存在するステレオタイプを拡大・増幅する働きをしている。人々の間に流布していたステレオタイプは、活字化されることによって信憑性《しんぴょうせい》をもつものとして独り歩きを始め、人々の間で「真実」として流通するようになる。

京都市の驕りー戸惑いへの変容

古都税問題の五年にわたる展開を本書の証言集を元に振り返るとき、やはり際立っているのが、京都市の驕《おご》りとその果《は》ての焦《あせ》りと失策《しっさく》である。

政令指定都市の一つである京都市は、道路建設などのさまざまな公共事業を遂行《すいこう》する過程を通して住民運動対策のノウハウを長年蓄積《ちくせき》してきた。それゆえに、計画を一度決定したら止まることはなく、「その後で行うことは、物事を実現するための環境づくり」（本書九四頁）ということにもなる。桝本前市長は、それを「無理押しの行政」（本書六一頁）と表現している。

古都税問題の際にも、古都税条例が審議抜きで可決された後、京都市は、対象寺院の個別説得に乗り出し、「門前の道路を整備するとか、舗装《ほそう》をきちんとするとか、下水の完備をする」（本書一四一頁）などといった利益誘導《りえきゆうどう》によって反対寺院の切り崩し（環境づくり）を着々とおこなっている。事実、「ポロポロと落ちていった寺」（同）があった。

京都仏教会は、先にも述べたように、さまざまな宗派の寺院の親睦団体的な組織である。京都市は、京都仏教会を寄せ集めで強固な意思決定や組織的な行動ができない団体と考えていた可能性が高い。これも京都市の過剰《かじょう》な自信につながったと言えよう。「京都市は僧侶をなんとも思っていない」（本書一四〇頁）というわけである。

しかし、この見通しは、京都市にとって皮肉な結果を生み出すことになる。すなわち、まさにその組織性の弱さが京都市を悩ませることになる。仏教会は、「もともと、執行機関と議決機関の境界が不明確な組織」（長尾一九八五、二六頁）であり、京都市は誰と交渉すべきかが見えないという「代表」問題に直面することになる。奥野元助役の「何をやるにしても、せめて信頼できる相手がいないと。（仏教会は会員寺院の）代表になっているのか、個人の意見を仰っているのか、分からないというのは…」（本書四八頁）というわけである。ちなみに文観税を導入する際、当時の高山市長は対象寺院をみずから個別に訪問し、賛成を取り付けていったという。高山市長はこの個別説得によって「代表」問題を回避《かいひ》していたのである。

京都市の文観税復活のシナリオを狂わせたもう一つの大きな要因が僧侶のプライドである。拝観寺院の多くは何百年もの歴史をもち、その歴史を可能にしたのが当時の最高権力者と寺院との直接・間接の結びつきであり、また寺院や宗派を支えてきた僧侶たちの宗教的信念である。僧侶たちはそうした歴史と宗教的信念を今なお背負って生きている。たかだか百年ほどの歴史の京都市（明治二十二年〈一八八九〉発足）は、そうした高いプライドをもった僧侶たちと対峙《たいじ》していたのである。

僧侶たちは、「寺院は行政に協力することは惜《お》しまないが、行政の支配下におかれることは絶対に承服《しょうふく》できない」（昭和五十七年九月段階での京都市仏教会の見解―京都仏教会編一九八八、二一九頁）と考えており、その京都市に「税の徴収人」にさせられるなどといったことは絶対に許せないことだったのである。ところが、市長を初めとする京都市の幹部は、この僧侶たちのプライドを理解できず、むしろ普通の人びとが抱くようなステレオタイプ（お金もうけに忙しい僧侶）をもって僧侶たちに対応していたのではなかろうか。それが、「お寺の和尚《おしょう》として、それなりの尊敬をもって対応するのではなく、『お前らは俺たちの言うことを聞いたらええんや』という態度」（本書一四〇頁）となって現れたということであろう。

京都市の「焦り」と西山氏への依存

近代以前の時代は、「誰が何をいつすべきか」が定型的に決定されていた時代である。ところが、近代以降、人びとは、「何をいつどのようにすべきか」を自分自身で決定しなければならなくなった。普通の人びとも目標達成に到るまでのシナリオを想定しつつ行動するようになる。そして、事態がシナリオ通りに進まないと、「焦り」という感情を抱《いだ》くようになる。

「焦り」は、近代以前ならば、支配者などのごく一部の人びとだけが抱く感情であったが、近代以降には普通の人びとまでもがごく日常的に抱く普遍《ふへん》的な感情となった。そして、みずからが描いたシナリオに強い自信をもっていればいるほどに、シナリオ通りに事態が進行しなくなるとその焦りは強くなる。

京都市が古都税問題の進行過程で陥《おちい》った心理状態はまさにこれである。京都市仏教会が古屋自治大臣に働きかけ、「当分許可できない」という発言（昭和六十年一月二十六日）を引き出すことに成功したとき、京都市は「無茶苦茶に焦る」（本書一〇二頁）ことになる。

一方、古屋自治大臣の発言を引き出すことに成功した京都市仏教会も、京都地裁判決（昭和五十九年三月三十日）ですでに敗れていたことによって、次の一手が見出せなくなっていた。そんな折りに京都市仏教会の主要メンバーが出会い、いわば参謀《さんぼう》として迎《むか》え入れられたのが西山氏である。

西山氏がその後どのような戦略を練《ね》り僧侶たちと運動を展開していったかの詳細は省《はぶ》くが、皮肉にも京都市にとっては、西山氏は、京都市が苦しんでいた京都仏教会の「代表」問題を解消してくれる存在に見えたはずである。西山氏と交渉すれば、事態の打開策が見出されるかもしれないと焦りの中で考えたというわけである。

こうして西山氏は、京都市と京都仏教会の橋渡し役を演じることになった。彼は両者の媒介《ばいかい》者《しゃ》・仲介者《ちゅうかいしゃ》となったのである。

先に述べたように、近代社会は多様な組織・集団によって構成されている。それらの組織・集団は日常的には相互に同質的な組織・集団の間で相互行為している。たとえば、業界がそうした相互行為の場である。そこでは、競争や合併などが日常的に展開されている。

しかし、それらの組織・集団が他分野・業界の組織・集団と相互行為する必要が生じることがある。そうした場面で求められるのが媒介者・仲介者である。たとえば、企業は、国の今後の産業政策や規制の方針に関する情報を手に入れるために天下り官僚を引き受ける。彼らはまさに媒介者なのである。

この媒介者という存在に対して、たとえば天下り官僚に対してそうであるように、人びとはあまり好ましい感情を抱かない。その理由についてここで詳細に論じる余裕はないが、どの組織・集団にも属さないが、その双方と接点をもつという境界性ゆえに、媒介者は否定的に評価されがちなのである。

西山氏は、その媒介者という立場と彼の職業（不動産業）に対する悪しきステレオタイプとが相俟《あいま》って、人びとから疑惑《ぎわく》の眼差《まなざ》しを向けられることになる。京都市と京都仏教会の双方が西山氏に依存したことが問題を複雑にしたことは事実である。しかし、むしろ問題は西山氏を頼りにした京都市と京都仏教会にあり、西山氏個人への責任帰属は酷《こく》である。

僧侶たちのプライド——その憲法上の意味

しかしながら、西山氏の登場によって仏教会内部には大きな亀裂《きれつ》が生じる。対象寺院の一部や多数の市中寺院の仏教会からの離脱である。そして、西山氏と行動を共にした僧侶たちに対するバッシングも西山氏同様に甚《はなは》だしいものとなっていった（詳細については、西川一九九一を参照）。しかし、孤立したかに見える彼らはそうした状況に苦しめられながらも、仏教会の核として反対運動を展開していくことになる。そして、知恵を出し合いながら京都市に機動的に立ち向かうことを楽しんでいたかにすら見える。

私はかつて古都税問題での京都市の敗北を、少数の僧侶たちのコミュニタス的結合（強い同志的結合）による機動的行動とそれに振り回される官僚機構（京都市）という構図の下に描いたが（田中一九八七）、本書に収録されている証言を読んでもその考えを変える必要性は感じられなかった。「楽しかった」（本書九〇頁）という外部の者からすれば意外とも言える発言は、彼らの同志的結合の下での高揚感《こうようかん》がもたらしたものである。

しかし、西山氏と僧侶たちが次々と繰《く》り出した戦略（機動的行動）を、本書の何人かの証言者は、「ゲーム」と呼び批判的に論じている。古都税問題は、西山氏の参加によって「本質」からはずれ、「ゲーム化」したというのである。

本稿では、この「本質からゲームへ」という批判を分析的に捉《とら》え直《なお》してみたい。鎌田（一九九一）は、古都税反対運動の経過を西山氏の登場以前と以後とに区分した上で、この変化を市民運動志向《しこう》の運動から「勝つ」ことに強く志向した運動への変化として捉えている。この捉え方は、「本質からゲームへ」という批判と親和《しんわ》的である。

しかし、ここでは、「本質からゲームへ」という変化を古都税問題の争点の、「信教《しんきょう》の自由」から「政教分離《せいきょうぶんり》の原則」への変化として捉えてみたい。言い換えれば、京都地裁判決（昭和五十九年三月三十日）以前と以後という時期区分である。裁判では、古都税条例が「信教の自由」を侵害するかどうかが重要な争点となったが、京都地裁は、いわゆる「目的―効果基準」に依拠《いきょ》して、「条例が施行されても『信教の自由』が侵害され、回復しがたい損害を被《こうむ》るとは言えない」とする判決を下《くだ》した（注1）。

仏教会は、この地裁判決において、「目的―効果基準」という法的な壁に直面したわけである。この壁は裁判がたとえ上級審へと移行したとしてやはり立ちはだかるはずの壁であった。「信教の自由」という争点の下での反対運動の限界が明らかになったのである。

こうして、彼らの「行政の支配下」に置かれることを拒否するプライドだけが古都税反対の拠《よ》り所《どころ》として残されることになる。そして、僧侶たちは、そのプライドを守るために、西山氏の言葉を借りるならば、「宗教法人が人頭税《じんとうぜい》の取り立て人になる」（本書七九頁）ことをただただ拒否するために、京都市を相手に機動的に反対運動を展開した。

しかし、これに対して反対運動の「ゲーム化」という批判が投げ掛けられたのである。「ゲーム感覚の拝観停止は言語道断《ごんごどうだん》」（本書七〇頁）であり、僧侶たちもあくまでも近代市民社会の一構成員として古都税反対運動を展開すべきであるということであろう。この批判の背後にあるのは、古都税条例は僧侶と拝観者の「信教の自由」の侵害する条例であるとする主張、まさに京都仏教会自身の京都地裁での主張である。

この「信教の自由」を論拠とする主張は、「本質からゲームへ」という批判における「本質」に該当する主張であり、その視点から見るならば、プライドに依拠《いきょ》し、ただ「勝つ」ためだけの反対運動は、「ゲーム」に堕《だ》するものであるということになろう。たしかにこの「信教の自由」を論拠とする主張が裁判によって認められていたとするならば、古都税反対運動はゲーム化することなく、終わりえたであろう。しかし、その主張は、地裁判決において「目的―効果基準」の壁に直面し、反対運動の戦略としては、その限界を露呈《ろてい》していたのである。

しかも、その主張は、一面において、古都税問題で問題となっている〈国家と宗教〉の対立関係を〈国家と市民〉の対立関係へと読み換える発想、言い換えれば、市民運動へと還元《かんげん》する発想ともなっていた。さらに言えば、それは、僧侶が古都税反対運動の主体であるという重要な論点を希薄化《きはくか》させかねない主張でもあった。

それにしても、プライドだけに依拠して展開される反対運動はゲームに堕する他ないのであろうか。プライドをもつということは、どのようなことがあっても「譲れない何か」をもつということに他ならない。古都税条例に反対した僧侶たちにとっては、その「譲れない何か」が「行政の支配下に入らない」ということであったのである。

たしかに僧侶に対する「金もうけに忙しい人びと」という、人々が抱くステレオタイプがその通りであるとするならば、僧侶たちがもつプライドは浅薄《せんぱく》なものに過ぎず、そのプライドゆえに「行政の支配下に入らない」と言われても、それは「寺院の会計が『ガラス張り』になり、これまでの『脱税』が明らかになる」（西川一九九一、五八頁）からだろうということになる。

しかし、こうした「宗教団体批判の常套句《じょうとうく》」（同五九頁）をステレオタイプにもとづくものとして排除するならば、プライドゆえに「行政の支配下には入らない」と僧侶たちが主張したことの意味は、まったく違ったものとして見えてくる。「信教の自由」とは、人が宗教的な何かを信じ、それを人びとに教え、伝えることの自由である。「行政の支配下に入らない」ということは、洋の東西を問わず歴史が教えてくれているように、この「信教の自由」を守る上でもっとも重要な条件なのである。「国家の支配下に入らない」ということ、言い換えれば、「政教分離の原則」を維持すること、これが信教の自由を守る上でもっとも重要なことなのである。

僧侶たちがそのプライドにかけて守ろうとしたのは、「政教分離の原則」であったということになる。先に、「ここでは、『本質からゲームへ』という変化を古都税問題の争点の、『信教の自由』から『政教分離の原則』への変化として捉えてみたい」と述べたが、その意味とはまさにこのことなのである。

僧侶たちはこのことに十分には気づいていなかったかもしれない。しかし、「行政の支配下に入ること」、すなわち寺院が古都税の「特別徴収義務者」になることが、「いかなる宗教団体も、国から特権を受け、又は政治上の権力を行使してはならない」（憲法二〇条一項）とする憲法上の大原則である「政教分離の原則」に違反するものであることを、僧侶たちはその反対運動において身をもって明らかにしていたのである。

なお、古都税条例において寺院が税の特別徴収義務者になることが憲法の「政教分離の原則」に違反することは、古都税訴訟においても京都市仏教会弁護団は論点として取り上げていた。しかし、京都地裁判決は、「信教の自由」の侵害については論じたが、この論点を乱暴なことにも完全に無視した。こうした地裁判決もあって、古都税条例が「政教分離の原則」に違反するという論点は、公式の争点としては消えてゆき、古都税問題の長期化を助長したのである。

おわりに―古都税問題以後の残された課題

古都税問題は、第三次文観税問題とも呼ばれたように一過性《いっかせい》の問題ではない。さすがに京都市が同種の税条例を再制定するとは思えないが、それはまったく形を変えて幾度《いくど》となく降りかかってくる可能性をもった問題なのである。そして、その相手は国家であるかもしれない。

古都税条例の考え方を端的《たんてき》に表現するとするならば、それは「拝観非宗教論」である。「拝観者は観光客」（本書四四頁）であり、「文化財みたいなものは、みんな金閣《きんかく》の駐車場にでも集めて、そこで博物館みたいに見物料を取ったらええのや」（本書一三一頁）というわけであり、そこには「寺の什物《じゆうもつ》が宗教財であることなど全然意識がない」（同）のである。

しかし、この「拝観非宗教論」の根は実は深い。というのは、それが、近代における人びとの宗教観の一つの表現であり、さらに言えば、近代思想の表現であるからである。近代は、〈存在〉

に対して〈行為〉に優位性を与える時代である。人に関して言えば、「である」ことに対して「する」ことに優位性を与える時代である。たとえば、身分（「である」こと）を否定し、業績（「する」こと）で人を評価する。たしかにこれはおおむね妥当なことである。たとえば、ある身分の人びとが何の努力もせずに豊かであり続けるのはたしかにおかしい。

しかし、〈存在〉するものすべてに対する〈行為〉（「する」こと）の優位性を認めることには問題がある。環境問題は、われわれが自然という〈存在〉をひたすら道具や素材と見なし、生産という〈行為〉を拡大してきたことに原因がある。また、近代の人びとを苦しめてきたのは、〈行為〉によって獲得された地位（＝存在）に満足せず、常により高い地位に就《つ》くことを求める無限上昇の論理である。言い換えれば、近代社会は、〈行為〉し続けなければならないという「病」に冒《おか》された社会なのである。

これを宗教の文脈で見てみると、それは、宗教的〈行為〉が重要なのであって、宗教を彩《いろど》るさまざまな「美しいもの」や「荘厳《そうごん》なるもの」などといった〈存在〉は不要であるという考えとなる。チューリッヒの宗教改革が「まずカトリックがもっている教会のステンドグラスなどの色んな装飾《そうしょく》を壊すところから始まっている」（相国寺教化活動委員会監修／田中滋編二〇一六、二八四頁）というのは、近代の到来を告げるまさに象徴《しょうちょう》的な出来事である。

宗教的な事物（仏像、伽藍《がらん》、庭園など）などの〈存在〉に対する宗教的〈行為〉の優位が近代とともに始まったのである。そして、美しく荘厳な仏像、伽藍、庭園などは、宗教から生まれ近代以降独立していった新しい価値（近代的価値）、すなわち「美術的価値」や近代国家によって認定される「文化財的価値（国宝や重文など）」という観点の下で見られ評価されるようになったのである。

また、近年、日本で宗教団体の公益性や社会貢献《こうけん》が声高《こわだか》に叫ばれるのもこの延長線上の出来事である。宗教団体は、団体として〈公益的活動＝行為〉をすることによってはじめて公益性を発揮することができるし、社会貢献もできるというのである。しかし、それは各宗教のそれぞれの特色を無視したまさに乱暴な議論である。

「拝観非宗教論」は、このように近代そのものに根ざした発想なのである。しかし、これはやはり宗教に対する一面的な見方であるに過ぎない。仏像、伽藍、庭園などは、やはり宗教と共にあってこその真の意味を保持できるのであり、さらに言えば、宗教そのものなのである。

今、拝観寺院の僧侶に求められているのは、「拝観非宗教論」に対抗する論理の構築と共有である。しかし、それは、とりもなおさず、すべての宗教者が近代的価値に対抗できる宗教的価値を再構築し共有するという課題を担っているということでもある。環境問題や欲望の肥大化《ひだいか》を生み出した近代的価値に対抗できる宗教的価値の再構築が今求められている。

仏教は「お釈迦《しゃか》さんの時代から社会とのつながりの中で発展してきた」（本書一四九頁）、言い換えれば、「仏教の基本的命題は世俗の社会から生まれた」（同）のであり、「僧侶は自分自身が聖なる存在である」（同）と主張するが、「結局は世俗に戻らねばならない部分がある」（同）のである。近代的価値に対抗する宗教的価値の再構築の手掛かりはまさにこの発言にあると言えよう。

（注1）「目的―効果基準」は、国家と宗教との関係をめぐる裁判においてしばしば援用《えんよう》される考え方であるが、それは、「国家による（一）当該行為の目的が宗教的意義をもち、（二）その効果が宗教に対する援助、助長、促進又は圧迫、干渉等になるような行為」は許されないという基準である。京都地裁判決は、古都税条例は、（一）「文化財の観賞に伴う信仰行為、ひいては観賞者個人の宗教的信仰の自由を規律制限する趣旨や目的で本税を課するものでないことは明らかであり」、また（二）「右信仰行為に抑止効果を及ぼし、これを結果的に制限するものではない」と判断して、古都税条例の合憲性を主張している。

参考文献

鎌田大資「古都税紛争における京都仏教会のリーダーシップと理論化―ストラウスの交渉文脈概念からの整理―」（田中滋編『古都税問題研究―政治と宗教のプロブレマティーク―』平成二年度文部省科学研究費補助金報告書［追手門学院大学文学部、一九九一年］）

京都仏教会編『古都税反対運動の軌跡と展望』（第一法規、一九八八年）

ルーマン、N.『法社会学』村上淳一・六本佳平訳（岩波書店、一九七七年）

長尾憲彰「古都税闘争に仏教界の自浄を賭していた私が戦線離脱した真意」（『月刊住職』十二月号、一九八五年、二二一―二三〇頁）

西川珠代「仏教会の古都税反対運動に見る『動機の語彙』」（田中滋編、同右、一九九一年）

小川伸彦「制度としての文化財―明治期における宗教財の文化財への変容」（田中滋編、同右、一九九九

一年）

相国寺教化活動委員会監修／田中滋編『国家を超える宗教』（東方出版、二〇一六年）

田中滋「古都税問題の宗教・政治社会学」特集『宗教の社会学』（『現代社会学』第一三巻第一号、一九八七年、五八―七五頁）―同論文は、京都仏教会編（同右、一九八八年）ならびに田中滋編（同右、一九九一年）に再掲。

田中滋「山村の内発的発展を支えるリーダーたち―リーダーシップ論の革新のために」田中滋編『都市の憧れ、山村の戸惑い』（晃洋書房、二〇一六年近刊）

コラム3　銀閣寺事件と宗教法人法の精神

戦後の民主化の流れの中で昭和二十六年（一九五一）に制定された宗教法人法は、国家に対する宗教団体の自立性・自主性を重んじる内容になっている。宗教法人法第一条第一項で「この法律は、宗教団体が、礼拝の施設その他の財産を所有し、これを維持運用し、その他その目的達成のための業務及び事業を運営することに資するため、宗教団体に法律上の能力を与えることを目的とする」（傍線は筆者）と法の趣旨が定義されている。宗教法人法は、宗教団体に契約行為など行うための法人格（＝「法律上の能力」）を与えることを目的とする法律なのであり、宗教活動を法律によって規制するためのものではないのである。

宗教法人法によって宗教団体の運営が自治に委《ゆだ》ねられた以上は、宗教団体には自ら内部規則を制定し、それを厳格に運用することによって社会の期待に応えていく義務が存在する。しかし、宗教法人法が制定されて間もない昭和三十年代には、宗教家が法の趣旨を理解できていないことが原因である事件が発生した。昭和三十一年の銀閣寺事件は、その典型例であると言える。

銀閣寺事件とは、慈照寺住職・宗教法人慈照寺代表役員であった菅月泉師が、預り保管中の現金を自らの借用金返済などに使用したとする事件である。本件は刑事・民事両方の裁判となり、民事裁判は昭和五十四年に相国寺派宗務本所と菅師側が和解するまで続いた。

刑事裁判では、菅師が刑法二五三条の業務上横領罪に問われたが、京都地裁は無罪判決を出している。無罪の理由は次のようなものである。すなわち、寺院会計には寺院維持の費用と住職個人の収入を明確に区別しない慣行が存在しており、菅師は「業務上自己の占有する他人の物を横領」（＝業務上横領罪の定義）する意思がないままに慈照寺の財産を使い込んだので罪には問えない、であった。

民事裁判では、相国寺派宗務本所が住職資格のない法階《ほうかい》（僧侶の位）にまで菅師を降格させることによって、事実上の住職罷免《ひめん》処分を行ったことの是非などについて争われた。菅師側勝訴の判断を下した大阪高裁の判決では次のことが述べられている。すなわち、相国寺派の自主規則に懲戒規定がなかったために、相国寺派宗務本所は菅師に対して事実上の住職罷免処分を行ったのであるが、それは寺院の自主性・自律性を保障した宗教法人法の趣旨に鑑《かんが》みれば職権の濫用《らんよう》に該当するので認めることができない、であった。

刑事・民事裁判ともに、相国寺派や慈照寺における寺院会計や内部規則の未整備が問題にされていた。宗教法人法の要請に対応し、宗教団体の近代化を推し進めていくためには、このような問題を乗り越えていく必要があったのである。

（藤田和敏）

編集を終えて

古都税問題が終息してから約三〇年を経た現段階において、古都税によって引き起こされた事象に今一度目を凝《こ》らし、寺院拝観という宗教行為の持つ意味合いを考えることが本書発刊の目的でした。特定の意見に偏《かたよ》ることのない編集を心がけましたが、古都税問題の関係者も高齢化しており、残念ながらお亡くなりになったためにお話を伺うことができなかった方々もおられました。

インタビューに携《たずさ》わる中で、古都税問題はただ単なる過去の出来事なのかと、少しずつ疑問が涌《わ》いていきました。人々が寺院を訪れ、本尊と向き合って手を合わせること。その行為の尊厳を守ることは宗教者としての当然の責務です。ところが、戦後に成立した文化財という概念によって、仏たちは鑑賞の対象として一括《ひとくく》りにされ、仏法を具現化する伽藍《がらん》も建造物と見なされるようになりました。宗教行為以外の何物でもない寺院拝観が、文化財鑑賞行為という言葉で表現されつつある状況を、現在の宗教者はどのように見ているのでしょうか。寺院は参拝者を受け入れてきたのであり、それは将来も変わることはないのです。

古都税問題から提起される右のような課題は、考察すべき問題として今でも生き続けていると思います。これからの若き宗教者の方々や、京都を愛してやまない参拝者の皆様に、この課題をお考えいただければ本書の目的は達せられたことになります。また、本書の執筆者が古都税問題を始めとして、宗教法人法改正問題や宗教と税の問題などを論じた相国寺教化活動委員会監修／田中滋編『国家を超える宗教』(東方出版)も併読いただければ、理解を深める一助になるかと考えます。

古都税問題以降の京都仏教会は、市内の景観問題に取り組む過程で京都市との信頼関係を回復いたしました。その結果、桝本市政における京都市新景観条例の制定に寄与することができました。現在では、観光都市京都と宗教界の将来を見据え、東山・嵐山地域における観光促進のための「京都・花灯路」、文化遺産の継承・創造を目的とする「明日の京都　文化遺産プラットホーム」、宗教に関わる現代的問題を考える「国家と宗教研究会」などの活動を展開しており、今後も様々な事業を実施して参りたいと考えております。

最後になりましたが、本書刊行にご尽力をいただきました関係者各位に厚く御礼を申し上げます。

(長澤香静・藤田和敏)

古都税問題・景観問題関係年表

昭和31年（一九五六）

4・23　高山市長、文観税導入の構想を表明。

5・19　古文協、古都税反対の申し合わせを公表。

6・23　市内で拝観料を徴収する三五ヵ寺が拝観料全廃の決議を行う。

7・20　京都市、文観税の条例案を公表。

8・17　文観税条例案、市議会で可決。

9・6　文観税条例施行。

10・13　文観税条例実施（期間七・五年）。

昭和39年（一九六四）

3・27　文保税条例案、市議会で可決。

6・5　自治省、文保税条例を許可。

6・8　文保税条例施行。

7・26　京都市と一一ヵ寺、「この種の税はいかなる名目においても新設または延長しない」ことを誓約した覚書を取り交わし、文保税実施（期間五年）。

昭和57年（一九八二）

7・15　原理財局長、市議会財務消防委員会で文観税復活を示唆。

8・2　市仏教会、聖護院にて文観税対策協議会を開催。文観税反対で一致。

8・19　京都市、新税対象四〇ヵ社寺に対する説明会を実施。

9・7　京都市と市仏教会の一回目の公式会談。

9・22　古文協の理事・評議員のうち約半数が藤田理事長の責任を追及する方針を表明。

10・6　京都市と市仏教会の二回目の公式会談。

10・13　市仏教会、本能寺文化会館で総結集大会を開催。

10・18　今川市長と立部市仏教会会長のトップ会談実施。平行線に終わる。

12・1　京都市と市仏教会が会合、議論はまとまらず。

昭和58年（一九八三）

1・7　京都市、新税の内容を発表。

1・8　市仏教会、新税条例提案禁止を求める訴訟と仮処分申請を京都地裁に起こす。

1・18　市議会、古都税条例案を審議抜きで可決。

2・14　市仏教会、条例無効確認訴訟を京都地裁に起こす。

7・25　「市民協議会」、市仏教会に対する抗議声明を発表。

7・27　市仏教会、山本自治相に古都税不許可を陳情。

12・16　大徳寺塔頭四ヵ寺、古都税無効確認訴訟取り下げ。

昭和59年（一九八四）

3・30　京都地裁、古都税訴訟を却下。市仏教会控訴。

7・28 京都市、自治省に対する古都税条例の許可申請を京都府に提出。

昭和60年（一九八五）

1・4 今川市長、古都税四月実施の決意表明。「古都保存協力税実施推進本部」を設置。
1・10 市仏教会、自治省が条例を許可した場合、二四ヵ寺で拝観停止することを決定。
1・25 市仏教会、古屋自治相と藤尾自民党政調会長に陳情。
2・14 「あっせん者会議」設置。
2・19 市仏教会、京都市に直接の話し合いを申し入れる。
3・1 京都市と仏教会、事務レベル会談。
3・8 市仏教会、第三回事務レベル会談の冒頭で抗議声明を読み上げて退席。
4・1 府仏教会と市仏教会が組織統合。「京都仏教会」発足。
4・3 「あっせん者会議」、斡旋を断念。
4・10 古屋自治相、「実施を六月十日以降とすること」を条件に古都税条例を許可。
6・1 今川市長、古都税実施日を十月一日に延期すると発表。
6・7 今川市長、七月十日に古都税を実施する方針に転換。
7・1 京都市、対象社寺に古都税徴収指定通知書と鑑賞券を送付。
7・10 古都税条例施行。京都市、徴収開始。一八ヵ寺が無料拝観に入る。
7・20 広隆寺・蓮華寺、拝観停止。
7・23 青蓮院・曼殊院、拝観停止。
7・25 南禅寺・金地院・東福寺、拝観停止。
7・29 清水寺・鹿苑寺・慈照寺、拝観停止。
7・31 三千院、拝観停止。

8・1　二尊院、拝観停止。
8・8　京都市・仏教会・「あっせん者会議」共同会見。和解発表。
8・9　閉門寺院、開門。
8・22　常寂光寺・南禅寺・金地院、仏教会を脱会。
8・25　今川市長、再選。
8・26　仏教会弁護団、辞任。
8・28　大覚寺、仏教会を脱会。仏教会鵜飼事務局長と事務職員全員、辞表提出。
10・1　泉涌寺・高山寺が拝観料値上げ。
10・15　一一ヵ寺が拝観料値上げ。
11・11　「あっせん者会議」、和解修正案を提示。
11・13　京都市、反対寺院に古都税納税書類を持参。
11・26　「あっせん者会議」、斡旋断念と会議解散を発表。仏教会、8・8和解書を公表。十二月五日より再度の拝観停止を表明。
12・1　蓮華寺、拝観停止。
12・2　広隆寺、拝観停止。
12・5　一〇ヵ寺、拝観停止。
12・25　自由法曹団京都支部の弁護士九人、公職選挙法違反容疑で京都地検に今川市長を告発。

昭和61年（一九八六）

1・3　鹿苑寺に猟銃男が立て籠る。
2・22　仏教会、今川市長との会談の意向を表明。
2・28　仏教会記者会見、「古都税の一時停止を条件に市と話し合いが始まれば、無料拝観で開門」を発表。
3・12 仏教会、清水寺大講堂で観光業者と会合。
3・21 仏教会、観光業者と二回目の会合、「志納金方式」による開門を合意。
5・21 仏教会京都市内八支部長会、六二一ヵ寺とともに仏教会を脱会。
7・1 六ヵ寺、三回目の拝観停止。
7・9 東西両本願寺・知恩院が仏教会を脱会。
7・26 京都市、古都税納入拒否の六ヵ寺に対して合計一億円の古都税決定通知書を送付。
9・10 奥野助役、古都税納入拒否に対して「法的手段を取る」との意向を示す。
9・16 仏教会、8・8和解の際に作成した「念書」を公表。

昭和62年（一九八七）

1・12 仏教会、電話交渉録音テープを公表。
1・16 京都市、六ヵ寺に財産差し押さえ予告通知書を送付。
1・24 日本刀を持った男、市役所で秘書係長を切りつける。
1・25 京都市、六ヵ寺以外の対象寺院と懇談会。
2・25 仏教会、電話交渉録音テープを新たに公表。
4・22 仏教会、五月一日からの開門と、西山氏が退くことを発表。
5・1 拝観停止の五ヵ寺開門。鹿苑寺は工事中のため閉門のまま。
6・24 市議会、「古都税問題協議会」を共産党抜きで設置。
6・29 奥野助役、「古都税問題協議会」初会合で古都税条例の見直しを示唆。
9・2 今川市長、記者会見で古都税条例廃止を明言。
9・11 京都府仏教連合会設立。

11・25　相国寺承天閣美術館で京都市・仏教会会合。条例廃止と一年八ヵ月分の古都税相当額を寄附金で支払うことを合意。

昭和63年（一九八八）

3・31　古都税条例、廃止。

4・1　京都市、「京都市総合設計制度取扱要項」策定。

平成2年（一九九〇）

4・26　京都ホテルが六〇メートルの建て替え案を京都市に提出。

11・9　仏教会、JR京都駅・京都ホテルの高層化絶対反対の方針を決定。

12・19　仏教会有馬理事長、田邊市長に「高層化反対」申入書を手渡す。

平成3年（一九九一）

1・22　京都市建築審査会、京都ホテル改築計画に同意。

1・28　仏教会、高層化に反対する立て看板を清水寺などに設置。

2・14　京都市、京都ホテル改築計画を許可。

6・10　京都ホテル非常勤取締役塚本氏ら、高層化に反対して辞任。

6・19　仏教会、塚本氏共同会見。

7・23　京都市、京都ホテル改築計画を建築確認。

11・1　仏教会、京都ホテルグループ四施設の宿泊者に限り拝観拒否の方針を発表。

11・20　仏教会・京都ホテル共同会見。高橋社長高さ見直しを表明。

12・2　仏教会、ホテル設計計画代替案を京都ホテル側に提示。

12・5　京都ホテル記者会見。当初計画通り六〇メートルに改築すると発表。仏教会との合意をくつがえす。
12・9　京都ホテル改築工事開始。
12・13　仏教会、京都ホテル建築工事差し止め仮処分申請を京都地裁に起こす。
12・26　仏教会、高層化について関係団体と意見交換の会合。

平成4年（一九九二）

1・21　京都ホテル建築工事差し止め仮処分申請の口頭弁論。高橋前社長の陳述書提出。
2・26　仮処分申請口頭弁論で西山氏証言。
3・27　仏教会、京都ホテル株主総会で高層化を追及。
7・1　田邊市長、JR京都駅ビル改築に特定街区制度を適用すると発表。
8・6　京都地裁、京都ホテル建築工事差し止め仮処分申請を却下。
8・20　仏教会、十二月一日より京都ホテルグループ宿泊客の拝観拒否を開始すると表明。
10・29　京都市都市計画審議会、JR京都駅ビル改築工事に特定街区制度を適用することを承認。
12・1　鹿苑寺他七ヵ寺、拝観拒否開始。

平成5年（一九九三）

10・25　京都市、JR京都駅ビル建築計画を建築確認。

平成6年（一九九四）

1・31　京都地裁、仏教会による総合設計制度適用許可など取り消し訴訟を却下。

7・10　京都ホテル開業。
12・15　一七の社寺と城、「古都京都の文化財」としてユネスコの世界文化遺産に登録。
平成9年（一九九七）
10・15　京都市都市計画審議会、「鴨川芸術橋」計画を承認。
平成10年（一九九八）
8・6　桝本市長、「鴨川芸術橋」計画を白紙撤回。
平成11年（一九九九）
5・20　京都市・仏教会、稲盛京都商工会議所会頭の仲介で和解。
平成18年（二〇〇六）
11・14　桝本市長、「時を超え光り輝く京都の景観づくり審議会」の答申を受け、眺望保全の新条例を制定する方針を発表。
平成19年（二〇〇六）
3・13　新景観政策に関わる六つの条例案、可決。

引用写真出典一覧

口絵１	昭和61年３月１日付	京都新聞	朝刊
口絵２	平成11年５月21日付	同	同
写真１	鹿苑寺所蔵文書		
写真２	昭和57年８月25日付	京都新聞	朝刊
写真３	58年１月18日付	同	夕刊
写真４	59年３月30日付	同	同
写真５	60年１月23日付	同	朝刊
写真６	２月15日付	同	同
写真７	８月９日付	同	同
写真８	11月27日付	同	同
写真９	12月５日付	同	夕刊
写真10	61年３月28日付	同	朝刊
写真11	９月17日付	同	同
写真12	平成３年11月21日付	同	同
写真13	４年11月２日付	同	同
写真14	昭和62年８月26日付	同	同
写真15	61年３月13日付	同	同
写真16	60年１月11日付	同	同
写真17	平成３年12月６日付	同	同

筆者経歴

洗　建（あらい・けん）

一九三五年、朝鮮京城（現韓国ソウル）生まれ。早稲田大学大学院修士課程修了。東京大学大学院博士課程満期退学（宗教学）。東京大学助手、文化庁宗務課専門職員、駒澤大学助教授、同教授を経て、現在、同名誉教授。編著書に『宗教と法制度』（相国寺教化活動委員会）、『国家と宗教―宗教から見る近現代日本』（田中滋と共編、法藏館）、『日本の宗教』（共著、大明堂）、『占領と日本の宗教』（同、未来社）などがある。

田中　治（たなか・おさむ）

一九五二年、愛媛県生まれ。京都大学法学部卒業、京都大学大学院修士課程修了、京都大学大学院博士後期課程研究指導退学。京都大学博士（法学）。大阪府立大学経済学部教授・同学部長を経て、現在、同志社大学法学部教授。編著書に『アメリカ財政法の研究』（信山社）、『租税行政と権利保護』（共編著、ミネルヴァ書房）、『現代税法講義』（共著、法律文化社）、『租税判例分析ファイル』（共編著、税務経理協会）などがある。

田中　滋（たなか・しげる）

一九五一年、兵庫県生まれ。京都大学大学院博士課程満期退学（社会学）。追手門学院大学教授を経て、現在、龍谷大学社会学部教授。編著書に『国家と宗教―宗教から見る近現代日本』、『宗教法人へのまなざし―宗教法人法改正をめぐって―』（相国寺教化活動委員会）、『里山学講義』（共著、晃洋書房）、『都市の憧れ、山村の戸惑い』（編著、晃洋書房）などがある。

藤田和敏（ふじた・かずとし）

一九七二年、愛知県生まれ。立命館大学文学部史学科卒業。京都府立大学大学院博士後期課程満期退学。博士（歴史学）。現在、大本山相国寺寺史編纂室研究員。著書に『〈甲賀忍者〉の実像』（吉川弘文館）、『近世郷村の研究』（同）、『宗門と宗教法人を考える―明治以降の臨済宗と相国寺派』（相国寺教化活動委員会）などがある。

古都税の証言
京都の寺院拝観をめぐる問題

二〇一七年一月二〇日　初版発行

編　者　京都仏教会
〒六〇二－〇八九八
京都市上京区今出川通烏丸東入
相国寺門前町六三六－一
電話（〇七五）二一三－六九七五

発行所　丸善プラネット株式会社
〒一〇一－〇〇五一
東京都千代田区神田神保町二－一七
電話（〇三）三五一二－八五一六
http://planet.maruzen.co.jp/

発売所　丸善出版株式会社
〒一〇一－〇〇五一
東京都千代田区神田神保町二－一七
電話（〇三）三五一二－三二五六
http://pub.maruzen.co.jp/

印　刷　株式会社 中外日報社
〒六〇一－八〇〇四
京都市南区東九条東山王町九
電話（〇七五）六七一－三一三一

ISBN978-4-86345-315-9　C0030